죽음과 함께 살고 있습니다

죽음과 함께 살고 있습니다

후회 없는 삶을 위한 56가지 문답

최준식 지음

중앙books

들어가며

저는 죽음학자라고 불리는 것이 아직 불편합니다.
여전히 죽음을 공부하고 연구하는
학인이기 때문입니다.

세간에서는 저를 한국 최초의 죽음학자라고
이야기합니다.
물론 한국에서 죽음학회를 처음 세운 것은 제가 맞지만
저 자신을 학자라고 이야기하기에는
부끄럽습니다.
아직 배우고 깨우칠 것이 까마득하고,
풀어야 할 과제도 매우 많기 때문이지요.

다만 그 과제조차 아직 모르는 사람들이 많기에,
이를 알려주고 또 그 과제를 함께 해결하며 얻는 깨달음을
나누고 싶을 뿐입니다.

우리는 왜 일상에서 '죽음'에 대한 이야기를 쉽게 꺼내지 못할까요?

모든 사람은 그 생의 과제를 가지고 태어나게 됩니다.
그 과제를 풀고 떠나는 것이 그 생의 목적인 것이지요.

삶이 먼저냐, 죽음이 먼저냐는 질문은
사실 대답하기가 어렵습니다.
삶과 죽음은 늘 공존하기 때문입니다.

그런데도 우리가 일상에서
죽음을 쉽게 이야기하지 못하는 가장 큰 이유는 뭘까요?

한국에서는 '죽음'을 불경하게 여기기도 합니다.

예전에 본 한 방송 프로그램에 출연한 염장이 남성이
사람들이 본인 손을 잡는 것조차 꺼린다는 말을 하는 것을
본 기억이 있습니다.
시체를 만지는 사람의 손이 불경하다고 여기는 것이지요.

이런 감정은 두려움과 공포에 가깝습니다.
이처럼 우리의 일상에서 죽음이란 마주하기가 힘들고,
두려운 것이지요.

삶과 죽음은 늘 함께 존재합니다.
숨을 쉬는 날이 있으면 거두는 날도 있습니다.
이런 자연스러운 법칙을 우리는 쉽게 간과하며 살아갑니다.
어쩌면 기피하는 것일지도 모르지요.

현재 숨쉬며 살아가는 나,
혹은 소중한 사람이 사라진 이후의 삶을
상상하기 어렵거나
또는 회피하고 싶기 때문일 수도 있습니다.

죽음을 떠올릴 때 우리는 왜 두려운 것일까요?

'내'가 사라진다는 생각 때문에 그렇습니다.
시신, 시체에 대한 무서움과 공포도
죽음에 대한 감정을 더욱 부정적으로 만들지요.

죽음을 이야기할 때
제가 자주 인용하는 영화가 있습니다.
아주 오래된 영화인데요.
'라이언 일병 구하기'라는 전쟁 영화입니다.

전쟁 통에서는 늘 삶과 죽음이 살벌하게 공존합니다.
방금 대화를 나누던 동료가
갑자기 세상을 떠나기도 하지요.
그 영화에서 아직도 생생히 떠오르는 장면이 있습니다.
노르망디 상륙작전(오마하 해변) 병사들이
극도의 공포 속에 죽음을 맞이하는 모습입니다.
병사들이 배에서 내리자마자 총알에 맞아 쓰러지거나,
너무 무서워서 떨며 기도하는 모습 등입니다.
'인간이 죽음 앞에서 느끼는 공포와 두려움'을
아주 리얼하게 보여주고 있지요.

직접 죽음을 경험하지 못한 인간은
이런 간접적인 경험으로
'죽음은 무섭고 두려운 것' 정도로만 인식할 뿐이라
쉽게 막연한 무의식에 '죽음'을 묻어두고
꺼내려 하지 않습니다.

직업상 죽음과 직접 마주해야 하는 소방관이나
경찰관 같은 분들의 이야기를 들은 적이 있습니다.
시체를 처음 보던 그 무섭고 두려운 감정에서
쉽게 벗어나기가 힘들었다고 합니다.
술을 마시며 그 장면을 잊으려 노력하거나,
혹은 그저 기도를 하며 그 생각에서 벗어나게 해 달라고
끊임없이 빌었다고도 합니다.

이처럼 그동안 우리는 죽음을
두려움과 공포의 대상으로만 여겨왔습니다.
삶과 죽음의 공존을 받아들일 수 있는
배움의 기회가 없었던 까닭입니다.

우리가 죽음을 더 이상 두려워하지 않고,

자연스럽게 받아들이기 위해서는
이 막연한 두려움과 공포부터 먼저
훌훌 벗고 이야기를 시작해야 합니다.

그렇지 않다면 죽음의 저변에 깔린
삶의 다양한 이야기인
자살, 삶의 본질, 인간관계, 인생과 마음공부 등에 대한
이야기 역시
제대로 하지 못할 것이니까요.

이 책은 그동안 담당 편집자와 함께
죽음과 삶에 대해 다양한 이야기를 문답 형식으로 나누며,
이를 구술 형태로 그대로 살려 엮은 책입니다.

기존 저의 책을 많이 읽으신 독자분이라면
그동안의 문체와는 다소 달라 낯설게 여기실 수도 있다는
점을 미리 알립니다.

그동안 죽음에 대해 집필한 도서는 많지만,
이 책에서는 누구나 쉽게 다가갈 수 있는

죽음과 삶의 고민들에 대해
저의 개인적인 경험을 포함해
담담하고 솔직하게 나눈 대화를 정리했습니다.

책을 펼친 후에는
그저 저와 술 한잔 기울이며
우리네 삶과 죽음이 대한 대화를 나눈다는 마음으로
편히 읽어 주셨으면 하는 바람입니다.

2025년 겨울,

최준식 삼가 씀

삶과 죽음은
늘 함께 존재합니다.
이런 자연스러운 법칙을
우리는
쉽게 간고하며 살아갑니다.

차례

005 · 들어가며

1장

단 한 번이라도 죽고 싶다,는 생각을 해본 당신에게

: 자살 권하는 사회

021 · 사는 게 힘들어 죽고 싶다고 생각한 적 있나요
022 · 그 절박한 마음에서 무엇을 발견할 수 있을까요
024 · 마지막 순간, 당신은 어떤 밧줄을 붙잡을 수 있을까요
026 · 죽으면 모든 것이 정말 끝이 날까요
029 · 사람의 목숨은 단숨에 자를 수 있는 것인가요
030 · 죽으면 '나'는 바로 사라질까요
034 · 혹시 땅에 머리를 묻은 타조처럼 살고 있지는 않나요
036 · 독수리처럼 사는 삶이란 어떤 걸까요
040 · 지구학교에서 자퇴하는 삶이란
043 · 자살 이후에는 무엇이 있을까요
045 · 자살은 남은 자들의 등에 칼을 꽂는 행위인가요

2장

인생은
결코 한 방이 아닙니다

: 삶과 죽음의 본질에 대하여

053 · 우리는 왜 일상이 행복하지 않다고 생각할까요
055 · 왜 늘 성공을 강요당하는 걸까요
058 · 왜 자주 불행할까요
063 · 매번 왜 누군가를 미워하게 될까요
065 · 상대는 정말 나를 비추는 거울일까요
069 · 왜 늘 죽음을 생각하며 살아야 할까요
070 · 죽을 때 가져갈 수 있는 것이 있을까요
071 · 누군가를 공격하지 않고, 껴안을 수 있는 삶이 가능할까요
073 · 우리는 왜 죽음에 대한 이야기를 꺼릴까요
076 · 한국 사회에 뿌리내린 유교 문화에 대해 무엇을 알아야 할까요
078 · 유교가 죽음을 금기시한다면, 제사나 차례 문화는 왜 있는 걸까요
083 · 그렇다면 우리는 어디서 희망을 발견해야 할까요
084 · 우리는 인생에서 어떤 목표를 가져야 할까요
087 · 종교는 정말 인간을 구원해 줄까요
092 · 그렇다면 신을 섬기는 사람, 종교인은 어떻게 바라봐야 하는 걸까요
096 · 무소유의 삶은 정말 우리를 행복하게 만들까요
098 · 인간은 왜 돈과 부에 집착할까요
099 · 종교와 욕망은 어떤 관계가 있을까요

3장

혼자서 살아갈 수 있는 힘을 길러야 합니다

: 타인이라는 지옥에서 해방되는 법

- 107· 타인은 정말 지옥일까요
- 109· 인간에게 받은 상처는 대화나 조언으로 해결이 될까요
- 111· 스스로가 고독하고, 보잘것없다고 느낄 때는 무엇을 해야 하나요
- 116· 친구는 꼭 있어야 할까요
- 118· 사람에 대한 기대감을 없애기가 힘이 든다면
- 122· 자존감은 어떻게 키우나요
- 126· 왜 외로워서 죽겠다, 는 말을 반복할까요
- 129· 갈등이 계속된다면 그 관계는 쉬어가야 합니다
- 133· 왜 누군가에게 매번 속고, 섭섭해할까요
- 136· 누군가를 왜 계속 원망하게 될까요
- 139· 이별 후에는 무엇을 해야 할까요
- 141· 당신의 장례식을 상상한 적 있나요

4장

마지막 순간까지
어떤 공부를 해야 할까요

: 당장 내일 세상을 떠나도 후회되지 않을 마음공부에 대하여

153 · 삶을 지탱하는 특별한 루틴이 있나요
156 · 우리는 자연에서 어떤 공부를 할 수 있을까요
157 · 동물은 인간에게 어떤 이야기를 들려주나요
162 · 가장 힘들 때 어떤 공부를 하겠다고 마음먹었나요
165 · 마음공부에는 명상이 가장 좋을까요
167 · 명상을 제대로 하려면 시간이 얼마나 걸리나요
167 · 요가와 명상에서 우리는 무엇을 얻을 수 있을까요
171 · 명상에 집중하려면 어떤 방법이 가장 효과적인가요
175 · 차크라가 뭔가요
180 · 호흡의 기본 방법은 뭔가요
182 · 어떤 책을 보는 게 좋을까요
185 · 어리석은 숟가락이 되지 말라, 무슨 의미인가요
186 · 우리는 앞으로 어떤 공부를 해야 할까요
191 · 켄 윌버에게서 어떤 가르침을 얻으셨나요
196 · 현대의 붓다라고 불리는 유지 크리슈나무르티는 어떤 인물인가요

201 · 나가며

1장

단 한 번이라도
죽고 싶다,는 생각을
해본 당신에게

자살 권하는 사회

사는 게 힘들어
죽고 싶다고 생각한 적 있나요

한국 사회에 연예인의 죽음 소식이 잇따르고 있습니다.
매번 그 이야기로 주변이 매우 떠들썩하지요.

그가 죽음에 이르게 된 진실에 대한 추측성 기사를 포함해
한 사람의 안타까운 죽음이 애도 이상을 넘어
부정적인 파장을 사회에 몰고 왔습니다.

그 절박한 마음에서
무엇을 발견할 수 있을까요

한국에서는 하루에 약 40명꼴로 스스로 목숨을 버린다는
통계가 있습니다.
이는 OECD 가입국 국가 중 가장 자살률이 높은 셈이고,
회원국의 평균보다 약 2배가 높은 수치라고 하지요.

한국인들의 구체적인 자살의 이유는 뭘까요?
주로 '비관'과 '염세', 그다음으로 '질병' 순이라고 합니다.
자기 자신의 삶을 비관하다
결국 이를 받아들이거나, 극복할 힘을 잃고
세상을 등져버리는 형태로 삶을 끝내고 마는 것이지요.

저 역시 공인이었던 한 절친한 친구가
그런 선택을 한 적이 있습니다.
당시에는 서로 연락을 주고받은 지가 꽤 오래돼,
그 친구가 어떤 일을 겪고 있었는지
미처 알지 못했었지요.

그 친구는 추문으로 한순간에 무너져 내렸고,
목숨을 버리는 선택을 했습니다.
그 친구가 만약 그런 선택을 내리기 전, 저를 찾아오거나
전화라도 했으면 어땠을까, 하는 생각이 자주 듭니다.

저는 아무것도 묻지 않았을 것이고,
그저 친구의 이야기를 묵묵히 들어주며,
곁을 지켜 주었을 겁니다

목숨을 버리는 선택을 하는 많은 이들은
그 순간의 고독과 괴로움을 버티지 못하고
무너져 내립니다.
본인이 삶을 감당할 수 없다고 생각하는 것이지요.

그런 사람들에게 섣불리 '극복할 수 있다',
'용기를 내' 따위의 감상적인 조언은 절대 금물입니다.
그 사람이 겪는 고통의 히스토리를
정확히 알지도 못하면서
섣부른 충고를 하는 이가 여전히 많습니다.

마지막 순간,
당신은 어떤 밧줄을 붙잡을 수 있을까요

자살을 선택한 연예인 역시 추측하건대
어린 나이에 감당하기 어려운 경험을 하고,
이를 버티고 버티다가
결국 좌절감과 처지에 대한 비관으로
그런 선택을 한 것일지도 모릅니다.

많은 사람들이 무엇보다 그 배우의 어린 나이와
미래에 대한 가능성을 두고
너무나 아깝고 안타깝다는 반응이었고,
저 역시 너무나 안타까웠습니다.

만약 그 괴로움을 담담히 털어놓을 수 있는
단 한 명이라도 있었다면
그런 선택을 내리지 않았을 것이라는 생각도 듭니다.

세상을 살아갈 힘이 없다면,
어떤 밧줄이라도 한 번 붙잡아보는 것이 필요합니다.

목숨을 버릴 결심보다 곁에 있는 줄을 붙드는 것이
더 쉬울 수도 있으니까요.
그 밧줄이 가족이든, 친구든, 지인이든
만약 곁에 아무도 없다면, 기도라도 해볼 것을 권합니다.

우리가 죽음이라는 절벽 앞에서
하염없이 몸을 던지기 전에
한번은 무엇인가에 매달려보는 그 애탄 시도가
다시금 지난 삶을 되돌아보는 기회를 주기도 합니다.

만약 곁에 힘들어하는 사람이 있다면,
그저 그 사람의 이야기를 들어주는 것이 가장 중요하고요.

사람은 혼자서도 살 수 있어야 하지만
완전히 홀로 살아가기는 어려운 존재입니다.
물론 그 사람의 상황과 처지를
직접 알고 있는 것이 아니기에
섣불리 어떤 말을 꺼내거나, 속단할 수는 없습니다.

하지만 정말 죽고 싶은 마음이 들 정도로

어렵고 힘들 때는
정말 가까운 누군가가 아니더라도
누구에게라도 손을 내밀며 도와달라고 할 수 있는 용기도
자신에게 있다는 것을 알아차려야 합니다.

죽으면 모든 것이
정말 끝이 날까요

사람들은 이런 말을 자주 합니다.
"인생 뭐 있어! 인생은 한 방이야!"
인생은 정말 한 방일까요?
그 말을 인생의 모토로 내세운 삶은 어떨까요?

인생이 너무나 짧고, 또 한 방으로 끝나는 것이라면,
그 말인즉슨 곧 내일과
미래를 생각하지 않고,
인생을 즉흥적으로만 살아가라는 이야기가 됩니다.

현재 마주한 생이 너무나 절망적이고,

세상을 살아갈 힘이 없다면,
어떤 밧줄이라도
한 번
붙잡아보는것이 필요합니다.

다시 일어설 용기조차 나지 않을 정도로
암울하게 느껴질 때
생을 포기하는 사람들이 있습니다.

그러나 만약 생이 한 번만으로 끝난다면
누가 이 생을 충실히 살아내고자 노력할까요?

물론 이 책에서 내세의 삶이나, 사후의 삶까지
깊게 이야기할 생각은 없습니다.
죽음에 대한 깊은 이해 없이
카르마나 사후생을 일반적으로 받아들이기는
쉽지 않은 일이기 때문입니다.

그러나 꼭 이야기하고 싶은 것은
지금 이 순간을 회피하거나 두려워 달아나기 위해
 자살을 선택한다고 해서,
스스로 저지른 실수나
잘못이 바로 덮어지는 것은
결코 아니라는 점입니다.

이는 죽음학을 조금만 공부해보면 알게 되는 것인데요.
이 세상에 태어나 인간으로 살아가는 것 자체가
쉽지 않은 대단한 기회이기에
그 기회를 스스로 버리는 선택의 부정적인 파장은
실로 어마어마하기 때문입니다.

사람의 목숨은
단숨에 자를 수 있는 것인가요

누군가의 마지막 선택을 무조건 비난하거나,
잘못되었다고 꾸짖는 것은 절대 아닙니다.
그러나 이 생이 마치 가위로 싹둑 자른다고
끝나는 것이 아니라는 것을
많은 사람들이 모르고 있기에 그 점이 늘 안타깝습니다.

가족이 있는 사람이라면, 자신의 선택이 가족의 가슴에
평생 대못으로 박힌다는 것 또한 알아야 합니다.

사람의 목숨이라는 것은

단숨에 깔끔하게 정리될 수 있는 것이 아닙니다.
한 사람의 목숨은 그 사람을 태어나게 한 부모를 포함한
수많은 인연과
마치 엉킨 실타래처럼 엮여 있기에
그 매듭을 하나하나 풀어가며 살아가는 것이지
그걸 혼자서 가위로 잘라버린다고
단숨에 끝나는 것이 아니라는 의미입니다.

죽으면 '나'는 바로 사라질까요

오랫동안 저는 근사체험에 대해 연구를 해왔습니다.
그런데 자살을 했다가 되살아난 사람들의
이야기를 들어보면
모두 마지막 숨이 넘어가는 순간에 큰 후회를 한다는
보고가 굉장히 많습니다.
숨이 끊어져도 의식은 사라지지 않는다는 것이지요.

자살을 선택하여 목숨을 끊는 행위를 하는 순간

사람의 목숨이라는 것은
혼자서 가위로 잘라버린다고
단숨에 끝나는 것이
결코 아닙니다.

'내가 정말 최악의 선택을 했구나' 하는 경험을 한
근사체험자들,
그리고 이를 증명하는 연구 결과 역시 굉장히 많습니다.
목숨을 버린다고 그 의식이 육신과 함께
동시에 사라지는 것이 아니라는 것이지요

2025년 4월 19일에 저는 동료들과 함께 서울에서
'의식의 사후 존속에 관한 서울 선언 2025' 선언을
한 바 있습니다.
인간의 의식이 사후에도 존속한다는 의미의 선언입니다.

이 선언의 취지 중 하나는 죽음을 앞둔 말기 환자들이
흔히 품는 죽음에 대한 막연한 두려움을 완화해
죽음에 대한 준비를 차분하게 진행할 수 있도록
돕는 것입니다.

한국 사회에서 삶에 대한 경시가 만연하고
자살률이 높은 것은
대부분 어린 시절에 형성된 삶과 죽음에 대한
왜곡된 인식 때문입니다.

삶과 죽음에 대한 이러한 잘못된 인식을
바로잡기 위해서는
어릴 때부터 죽음에 대한 개념을 심어줄 수 있는
제도가 필요한 것이지요.

또한 환자의 죽음을 자주 목격하는 의료인들이
환자의 죽음 앞에서 심리적 외상을 덜 겪고,
또 임종 치료에서 더 나은 임상적 결정을 내릴 수 있도록
안내를 받을 수 있다는 점에서도 이 선언은 중요합니다.

의료인들이 삶과 죽음에 대해
더욱 성숙한 관점을 취한다는 것은
한국 사회에서 암울한 죽음에 대한 문화를 극복하는 데
도움이 될 수 있기 때문입니다.

현재 한국 사회에 만연한 "인생은 한 방이다"
혹은 "죽으면 모든 것이 끝난다"라는 피상적인 죽음관은
깊은 실존적 불안과 고통을 야기해
끝나지 않는 사회적인 문제가 되고 있습니다.

개인으로는 죽음에 대해 분노와 절망,
또 사회적 차원에서는 삶과 죽음에 대한 피상적인 인식이
격렬한 경쟁과 갈등을 조장할 수 있고,
더 넓게 문명적인 차원으로 접근하면
전쟁까지도 초발할 수 있는 문제가
될 수도 있습니다.

이처럼 죽음의 개념을 어떻게 받아들이냐에 대한 문제는
곧 인류와 사회, 지구의 문제로까지 확장이 됩니다.

혹시 땅에 머리를 묻은 타조처럼 살고 있지는 않나요

가끔 우스갯소리로 이런 이야기를 합니다.
사람들은 빵을 굽고 쿠키를 만드는 기술은
배우고 싶어 하는데,
정작 죽음에 대한 것은 배울 생각이 없다고 말입니다.
이런 점이 참으로 안타깝습니다.

한국 사회에서
삶에 대한 경시가 만연하고
자살률이 높은 것은
대부분 어린 시절에 형성된
삶과 죽음에 대한
왜곡된 인식 때문입니다.

'타조처럼 살지 말라'라고
자주 이야기하곤 합니다.
타조는 위급한 상황이 생겼을 때 머리를 땅에 박고
주변 상황을 모른 척한다고 합니다(그렇지 않다는 설도 있습니다마는 여기서는 비유로 받아들이면 좋겠습니다).
머리만 숨기고, 자신의 눈만 가리면
괜찮다고 생각하는 것입니다.
이것이 삶과 죽음을 피상적인 영역으로
'제한'하는 것입니다.

독수리처럼 사는 삶이란 어떤 걸까요

대신 독수리처럼 살라고 자주 이야기합니다.
독수리는 하늘에서 굉장히 넓은 영역을 바라봅니다.
비단 사냥감을 찾는 것이 아니라,
거시적으로 자신의 영역을 관할하는 것이지요.
자신의 드넓은 영역을 바라보면
그 안에 쥐와 같은 사냥감들도 보입니다.

머리만 숨기고, 자신의 눈만 가리면
괜찮다고 생각하는 것.
이것은
삶과 죽음을 피상적인 영역으로
'제한'하는 것입니다.

우리가 독수리처럼 살 수 있다면
삶에서 굉장히 넓은 영역을 볼 수 있지요.
다른 시각에서 우리가 인생을 거시적으로 볼 수 있다면,
생이 단 한 번으로 완전히 끝나는 것이 아니라는 것도
알 수 있는 순간이 옵니다.

만약 생이 한 번으로 끝난다면,
이 세상에 도덕과 윤리, 법이 왜 존재할까요?
우리는 왜 매 순간 앞으로 어떻게 살아갈 것인가에 대한
고민을 거듭할까요?
왜 좋은 사람, 좋은 인생을 살고자 노력할까요?

우리는 이런 질문과
이에 대한 올바른 답을 생각하고 실천하는 것으로
주어진 삶을 아름답고 촘촘하게 짜 나가야 합니다.

죽으면 다 끝이다, 하는 사람들에게 반문하고 싶습니다.
죽으면 모든 게 다 끝장인데,
도대체 지금은 왜, 무엇을 위해서 살고 있냐고요.

우리가 독수리처럼 살 수 있다면
삶에서 굉장히 넓은 영역을 볼 수 있지요.
우리가 인생을 거시적으로 볼 수 있다면,
생이 단 한 번으로
완전히 끝나는 것이 아니라는 것도
알 수 있는 순간이 옵니다.

이처럼 우리가 매 순간 '죽음'에 대해
제대로 생각하지 못한다면
사는 이유를 찾기는 더 어려워집니다.

죽음에 대한 깊은 생각 없이,
어떻게 살까, 하는 삶의 질문과 답은
결코 쉽게 나오지 않습니다.

지구학교에서 자퇴하는 삶이란

평소 사람들에게 우리는 모두 지구학교에 살고 있다는 이야기를 자주 합니다.
지구학교란 인생학교의 다른 말입니다.
우리가 한 생을 충실히 살다 떠나는 것은
곧 지구학교를 졸업하는 셈입니다.

그런데 자살을 선택한다는 것은 지구학교에서 무단으로
조퇴를 하거나, 자퇴하는 것과 비슷합니다.

지구학교에는 선생님도 있고, 친구도 있습니다.
배움과 우정, 사랑, 수많은 경험이 있습니다.
그런데 선생님과 친구를 등지고
학교를 홀로 나가버리는 것은
아무런 준비 없이 홀무지에 뛰어드는 것과도 비슷합니다.

충분한 배움과 깨달음 없이
갑자기 극단적인 선택을 내리는 것이지요.

만약 죽고 싶을 정도의 잘못을 했다면,
무작정 도망치는 대신 참회하여
그 불안감과 공포에서 벗어날 수 있는
방법을 찾아야 합니다.

영원히 숨기보다는 정면을 바로 보며,
스스로의 과오를 인정해야 합니다.
물론 쉽지 않은 일이그, 이를 극복하지 못해
생을 마감하는 사람들도 있죠.

하지만 이 고통의 과정을 겪고 참회하지 않는다면,

죽음은 결코 그 답이 될 수 없습니다.

사회적으로 주목받는 사람들의 경우
충동적인 결정을 내릴 수 있는 환경에
더 쉽게 노출되어 있습니다.

쉬운 예를 들면 자신의 기사나 사진에 달린
'악플'을 발견했을 때
느끼는 분노와 수치심으로 그런 결정을 한
유명인들이 꽤 있습니다.

그런데 그 현장은 매우 참혹하다고 합니다.
죽음의 마지막 순간에 느낀 그 고통이 너무 끔찍하여
후회를 하지만 이미 때는 늦은 것이지요.

사람의 생과 사는 순리대로 진행되는 것이
가장 자연스러운데,
생의 마지막을 엄청난 고통으로 끝낸다는 것은
현실적으로도,
또 종교적으로도 최악의 선택입니다.

자살 이후에는
무엇이 있을까요

브라질 영화 '아스트랄 시티'에는
이기적인 삶을 산 주인공이
맞닥뜨리게 되는 죽음 이후의 광경이 묘사됩니다.

그는 죽음 뒤에 아무도 없고,
또 그 아무도 없는 지독한 고독 속에
자신이 만든 고통까지 투사되어 굉장히 어둡고
고통스러운 환경에 처하게 됩니다.
이 영화가 의미하는 바는 무엇인가요?
죽음은 결코 '해결책'이 될 수 없다는 것입니다.

단지 조금만 마음을 내면 됩니다.
저는 늘 말합니다. 죽고 싶을 만큼 힘들다면,
누구라도 좋으니 손을 내밀라고.
누군가는 꼭 그 손을 잡아줄 겁니다.

일전에 교도관으로 일했던 분에게 들은 이야기인데

사형이 집행될 때 세 명의 교도관이
동시에 버튼을 누른다고 합니다.
실제로는 단 한 개의 버튼만 작동하지만,
누가 그것을 눌렀는지는 아무도 알 수 없습니다.
사형 집행에 참여한 교도관이
'내가 직접 사람을 죽였다'는 죄책감을
덜 느끼게 하기 위해서지요.

중죄를 지은 사형수라고 해도
한 사람의 생명을 거둔다는 것은
사람으로서 견디기 어려운 무게감을 줍니다.
사람의 목숨이라는 것이 이토록 무거운데,
이를 충동적으로 결정한다는 것이 정말로 안타깝습니다.

일본에는 자살을 많이 하는 다리가 있다고 합니다.
그곳에는 전화기가 설치되어 있는데
'마지막으로 가족에게 전화를 해보라'라고 써 있답니다.
수화기를 들면 상담원이 나와 대화가 시작됩니다.
그때 노련한 상담원은 당사자를 설득해
자살 시도를 무산시킨다고 합니다.

매우 현명한 대처가 아닐 수 없지요.

서울 한강 다리 곳곳에도 '생명의 전화'가
설치되어 있습니다.
20개의 다리에 70여 대가 넘는 전화기가
설치되어 있다고 하지요.
24시간 언제든 상담원이 연결되어 이야기를 들어줍니다.
누군가에게 도움을 요청할 수 있다는 가능성을
열어놓는 장치인 것이지요.

자살은 남은 자들의 등에 칼을 꽂는 행위인가요

오래전 한국 사회를 발칵 뒤집었던
살인자 Y의 변호사를 만난 적이 있습니다.
그 변호사는 Y를 면담한 후
그를 자만심에 물든 냉혈한으로 평했습니다.
그런데 이후에 변호사에게 들으니
Y는 밤에 잠을 쉽게 이루지 못한다고 합니다.

생의 마지막을
엄청난 고통으로 끝낸다는 것은
현실적으로도,
또 종교적으로도
최악의 선택입니다.

밤마다 자신이 목숨을 앗아간 사람들의 얼굴이
늘 꿈속에서 보인다는 것이지요.

그는 밝은 낮에는 사람들 앞에서
희대의 살인마 역을 자처하며
담담한 척을 했지만, 밤마다 두려워 공포에 떨었습니다.
누군가의 생명을 앗아간 그가
평생 짊어지고 갈 공포인 것이지요.

이렇게 사람의 목숨을 해친다는 것은
단순한 범죄 이상의 무거운 의미를 지닙니다.
하물며 자기 자신의 목숨을 버리는 자살은
얼마나 더 무겁고 두려운 선택일지,
생각해본 적 있으신가요.

한 단체에서 진행하는 자살방지교육에 참석한 사람들과
나눈 이야기가 떠오릅니다.
평소 생활고에 힘든 한 가장이
자신의 자살을 상상해보았다고 합니다.
짊어진 삶의 무게를 견디지 못했기에

마지막에 목숨을 버리는 선택을 상상해본 것이지요.

눈을 감고 상상을 시작하자
처음에는 슬퍼하는 가족들의 모습이 떠올라
눈물이 났습니다.
그런데 슬픔에 빠진 가족들이
점차 자신을 원망하게 될 것이라는 생각이
강하게 들었다고 합니다.

특히 아들은 자신을 버리고 떠나버린 아버지에게
점차 배신감을 느끼게 될 것이라고도요.

그제야 자신의 목숨을 버리는 행동은 결코
고통의 끝이 아닌,
더 큰 고통을 불러온다는 것을
깨닫게 된 것입니다.

사람의 목숨을 해친다는 것은
단순한 범죄 이상의
무거운 의미를 지닙니다.
하물며
자기 자신의 목숨을 버리는 자살은
얼마나 더 무겁고 두려운 선택일지,
생각해 본 적 있으신가요.

2장

인생은 결코
한 방이
아닙니다

삶과 죽음의 본질에 대하여

우리는 왜 일상이
행복하지 않다고 생각할까요

"아, 오늘도 너무 행복하다"라고 생각한 적이 있습니까?
아마도 완전히 긍정적인 마음으로
하루하루를 살아가는 사람이 아니라면,
매일 행복하다고 생각하기는 어려울 겁니다.

대신 "아, 오늘도 정말 스트레스 받는다"라고
생각하는 사람이 훨씬 많지요.

어쩌면 한국 사람들은 태어난 직후부터
스트레스에 노출되는지도 모릅니다.

한국에서 태어난 아이들은 열 살이 되기도 전에
경쟁 체제에 들어가게 되지요.
어린이집, 유치원에 들어가기도 전에 한글을 익히고,
심지어 외국어도 공부합니다.
요즘은 영어 유치원이 필수라고도 하더군요.
초등학교 입학 전에 이미 원어민처럼
영어를 잘하는 아이들을 보면
신기하면서도 이것이 과연 자연스러운 모습인가,
하는 의문이 듭니다.

한국에 오랫동안 주재한 어떤 영국 기자의
책을 읽은 적이 있습니다.
그 책에서 한국을 '임파서블 컨트리'
즉, 불가능을 가능함으로 만드는 나라,
기적을 만드는 나라라고도 하더군요.
한국이 성장하는 모습을 직접 지켜본 외국인의 입장에서
한국의 성장이 대단하다고 평가하는 것입니다.

그런데 그 이면에는
대단한 스트레스와 고통이 존재하고 있습니다.
고통이 없는 대가는 없지요.
성장과 성공만을 바라보는 삶, 그 이면에는
말하지 못할 정도의 스트레스가 있습니다.

왜
늘 성공을 강요당하는 걸까요

요즘 젊은 친구들에게 앞으로 뭘 하고 싶으냐,
하고 질문하면
'성공하고 싶습니다'라는 대답을 자주 듣곤 합니다.
그런데 성공이 뭐냐, 하고 물으면
제대로 대답하는 이는 별로 없습니다.

삶을 어떻게 살아가야 하는지에 대한 깊은 생각 없이
그저 '잘 살고 싶다'는 생각으로
스트레스와 고통 속으로 몸을 던지며 살아갑니다.
단편적으로 생각하는 성공의 모습에

자기 자신이 미치지 못한다고 생각했을 때,
현실을 비관하며 목숨을 버리게 되는
선택을 내리게 되기도 하고요.

그런데 이런 사회현상은 사실 이유가 있습니다.
한국 사회의 성공 우선주의는
어디서부터 시작되었을까요?

오랫동안 이 사회에 뿌리내린 유교 문화에서
그 원인을 찾을 수 있다고 봅니다.
내 새끼, 내 가족 유일주의,
쉽게 말해 우리만 잘 살면 된다,
우리만 성공하면 그만이다, 라는
유교의 어두운 면에 깊이 침잠해 있는 것이지요.

그저 내 새끼만 똑똑하게 잘 키워서
좋은 학교를 보내야 한다.
그리고 좋은 회사에 취직을 시켜야 한다.
그것이 바로 자식의 성공이고,
부모인 나의 성공이기도 하다.

성장과 성공만을 바라보는 삶,
그 이면에는
말하지 못할 정도의
스트레스가 있습니다.

이런 유교식의 세계관에서
쉽게 빠져나오지 못하기 때문입니다.

이런 고착화된 사고방식 때문에
한국인들은 스스로를 짓누르는 스트레스에서
평생 동안 자유로워질 수 없게 됩니다.
성공만을 원하는 부모 아래에서 자란 자녀들은
부모와 비슷한 생각을 가진 성인이 됩니다.

한국인들의 스트레스는 대물림되고,
우리가 원하는 궁극적인 '행복한 삶'의 모습에
쉽게 다가설 수 없게 되는 것이지요.

왜
자주 불행할까요

누군가 사는 것이 힘들다며 찾아오면,
저는 그저 술이나 한잔 권하며
말을 묵묵히 들어줍니다.

절대 조언은 하지 않습니다.
상대방이 어떤 일을 겪었는지 제대로 알지도 못하면서
섣불리 조언하는 것만큼 어리석은 행동은 없습니다.

우리가 사는 것이 행복하지 않고 힘든 이유는
주로 사람 때문인 경우가 많습니다.
사람에게 받는 스트레스가 주된 이유인 경우가 많지요.

예를 들어 누군가와 이별을 했다거나,
또 결혼생활이 불행하다거나,
또 회사나 주변인들에게 상처를 받아
자존감이 완전히 무너졌다든가,
하는 인간관계에서 겪는 다양한 이유들이 있습니다.

이런 고통의 이유는 대부분 '사랑'에서 찾을 수 있습니다.
주변 사람들에게서 사랑을 받지 못한다고 느끼니,
스스로를 사랑하기 어렵게 된 것이지요.

자존감이 크게 무너진 한 사람이 있습니다.
스스로는 특정한 사건 때문에

무너졌다고 생각하기 쉽습니다.

그런데 자존감이 평소에도 쉽게 무너지는 사람이라면,
주로 가족이 근본적인 이유인 경우가 많습니다.
세상을 바라보는 태도는
어릴 때부터 자신이 가족에게 받았던 사랑으로부터
형성이 되기 때문이지요.

예를 들어 누군가를 자주 미워하거나
염세적인 세상관을 가진 사람이라면,
부모에게서 그런 영향을 받았을 가능성이 큽니다.
어릴 때부터 부모에게 사랑을 받기보다
비난을 자주 당한 사람이라면,
성인이 되어서도 스스로가 보잘것없고
별 볼 일 없는 사람이라는 생각을 자주 하게 됩니다.
이런 사람은
성인이 되어서도 정서적으로 불안정한 경우가 많습니다.

만약 스스로가 늘 불안하고,
자존감이 쉽게 무너지는 사람이라면

스스로를 탓하거나 괜히 옆을 지켜주는 사람을
원망하지 말고,
자신이 어떤 환경에서 자라났는지를
되돌아볼 필요도 있습니다.

성장 과정에서 자신이 얼마나 주변으로부터
사랑을 받았는지를 파악할 수 있어야 합니다.

만약 부모에게서 충분한 사랑을 받지 못했다고
생각된다면
사랑을 적게 준 부모를 탓하라는 의미는 절대 아닙니다.

자신이 현재 불행한 원인을 제대로 알아야
스스로를 올바르게 파악하고
세상을 제대로 바라볼 수 있기 때문입니다.

만약 부모가 자신에게 사랑을 충분히 주지 않았다면,
스스로는 부모가 되어서
같은 실수를 절대 반복하지 않아야 합니다.

고통의 이유는 대부분
'사랑'에서 찾을 수 있습니다.
주변 사람들에게서
사랑을 받지 못한다고 느끼니,
스스로를 사랑하기
어렵게 된 것이지요.

자신의 자녀가 불행하다고 느끼지 않도록
충분한 사랑과 애정을
베풀 줄 알아야 합니다.

매번 왜
누군가를 미워하게 될까요

누군가가 죽도록 밉고 싫다고 느낄 때,
사실 우리가 깨닫지 못하는 점이 있습니다.
바로 그 사람이 가진 단점이
우리 자신에게도 있다는 사실입니다.

중이 제 머리 못 깎는다는 이야기처럼
사람들은 누군가의 단점을 발견하고
비판할 때는 얼마나 똑똑한지 모릅니다.
그런데 실은 상대방의 단점이 눈에 너무 잘 보일 때,
그것이 자기 자신에게도 있는 면이라는 점은
미처 알아차리지 못합니다.

심리학자인 카를 구스타프 융은
인간의 내면을 이해하는 데 있어
'그림자'라는 개념을 제시했습니다.

그림자란 자기 자신의 무의식 속에 밀어 넣은
성격의 어두운 부분을 의미하지요.
쉽게 말해 자기 자신의 어두운 면인 단점을 뜻합니다.

우리는 나의 그림자를 감춰줄 수 있는
'페르소나'라는 가면을 쓰고 살아갑니다.
그런데 나의 그림자를 보여주는 사람을 만나게 될 때,
혐오의 감정을 느끼게 되지요.

대부분의 사람들은 이 그림자를
자기 자신에게서는 찾지 못하고,
다른 사람에게서 찾아냅니다.

예를 들어 내가 누군가에게 감추고 싶은 단점,
그림자를 상대방에게 덧씌워
"저 사람은 이래서 싫다"라고 말하는 것이지요.

그래서 누군가가 죽도록 밉고 싶다면,
사실은 그 사람이 바로 나 자신의 단점인
그림자를 비춰주는 거울일 수 있다는 것입니다.

상대는 정말
나를 비추는 거울일까요

자신이 가진 나쁜 점을 알고 싶다면,
자신이 가장 싫어하는 사람을 떠올려 보면 됩니다.
그 사람이 곧 나의 그림자이기 때문입니다.

매일 회사에서 만나는 후배나 상사가
계속 눈엣가시처럼 거슬리고 마음에 들지 않는다면,
그 사람이 혹시 스스로 감추고 싶은
나 자신의 그림자를 보여주는 것이 아닌지 생각해보세요.
물론 인정하기는 쉽지 않을 것입니다.

부부생활도 비슷합니다.
어떤 유명 강사의 강연을 우연히 들은 적이 있는데

한 아내가 남편과 싸우면서 이런 말을 했다고 합니다.
"내가 당신을 만나기 전에는 이런 사람이 아니었어!"
남편을 만나기 전에는 선하고
매사 긍정적인 사람이었는데,
남편 때문에 부정적이고
화를 잘 내는 사람으로 변했다는 것이지요.

그 강사는 아내의 말이 거짓말이라고 합니다.
실은 아내는 남편의 모습에서
매번 화를 잘 내고
부정적인 생각을 자주 하는 자신의 모습을
발견하게 된 것입니다.

이처럼 부부는 함께 살며 서로에게서
자신의 그림자를 발견하게 됩니다.
그럴 때마다 다툼이 일어나기도 하지만
어쩌면 그래서 두 사람이 만나게 된 것은 아닐까요?

융의 그림자 개념을 제대로 이해하는 것은 쉽지 않습니다.
제 주변에도 이 개념을 제대로 이해하고,

스스로에게 적용하는 사람을 거의 보지 못했습니다.
이것은 자기 단점을 직시하는 일이기에
더 어려울 수 있습니다.
하지만 이 점을 분명히 알지 못한다면
우리는 계속 남에게 자신의 단점을 투사하며
그 사람을 미워하는 방식으로 살아가게 됩니다.

융은 인간이 성숙해지기 위해서는
이 그림자를 무조건 부정해서는
안 된다고 말했습니다.
그림자를 인정하고 받아들일 때
비로소 우리는 자기 자신을 온전히 이해할 수 있으니까요.

그림자를 외면하게 되면 이는 늘 상대방에게 투사돼
갈등과 미움을 만들기 쉽습니다.

나의 그림자를 인정하게 될 때
우리는 스스로를 괴롭히는 미움과 고통에서
한결 자유로워질 수 있게 됩니다.

자신이 가진 나쁜 점을 알고 싶다면,
자신이 가장 싫어하는 사람을
떠올려 보면 됩니다.
그 사람이 곧
나의 그림자이기 때문입니다.

왜
늘 죽음을 생각하며 살아야 할까요

하루에 한 번이라도 죽음을 생각해본 적이 있습니까?
죽음을 염두에 두는 삶과
그렇지 않은 삶은 완전히 다른 길을 걷습니다.

삶과 죽음은 늘 함께 존재하지만,
많은 사람들은 죽음을 잊고 살아갑니다.
그저 잘 살고 싶고, 지금을 마지막 인생이라 여기며
후회 없이 살기를 바랍니다.

그러나 진정한 의미에서의 '후회 없는 삶'이란,
죽음을 염두에 두고 사는 삶입니다.

언제 죽을지 모른다는 불안과 공포 속에
살라는 뜻이 아닙니다.
다만 현재 내 앞에 놓인 삶을 한 번뿐인 인생이라
생각하며 함부로 시간을 소비하거나,
가볍게 흘려보내지 않았으면 하는 바람입니다.

죽을 때 가져갈 수 있는 것이 있을까요

죽을 때 우리가 가져갈 수 있는 것은 무엇일까요.
육신과 물질적인 것은 가져갈 수 없습니다.
딱 두 가지, 배움과 사랑만 가져갈 수 있습니다.

현재 닥친 삶이 너무 힘겨워 바쁘다는 이유로
쫓기듯 살아가면서도,
그 삶이 행복한지 그렇지 않은지에 대해서는
대부분의 사람들이 잘 알지 못하지요.
그래서 반드시 필요한 것이 있습니다.
바로 반조(返照)입니다.
자기 자신을 되돌아보고 비추어 보는 것입니다.

영적으로 성숙한 사람들은 무엇을 하든
자기 자신을 객관적으로 바라볼 줄 압니다.
객관적인 나와 주관적인 나를 혼동하지 않는 것이지요.

예를 들어 대부분의 사람은 화를 낼 때

'내가 화가 났다'라고만 생각합니다.

그러나 영적으로 성숙한 사람은
화를 내고 있는 자신을 동시에 알아차립니다.

이것이 주관적인 나와 객관적 나를
분리해서 볼 줄 아는 능력인 반조입니다.

깨달은 사람들은 늘 자기 자신을
객관적으로 바라볼 수 있기에
누군가를 이유 없이 공격하기보다는
이해하고 껴안을 수 있는 삶을 살아갑니다.

누군가를 공격하지 않고, 껴안을 수 있는 삶이 가능할까요

사람이 어릴 때는 반조가 쉽지 않아
무수한 실수를 합니다.
한국 사회가 미숙하다고 느껴지는 것도 이 때문입니다.

예를 들어 한 가수가 특정 집단으로부터 공격을 당했던
사건이 있었습니다.

그 집단은 그를 대상으로 마녀사냥을 벌였습니다.
그 가수가 사회적 해악을 끼친 것도 아닌데,
집단적 분노와 미숙함이 한 사람을
거의 죽음의 문턱까지 몰아넣었습니다.

이처럼 자기 자신을 객관적으로 바라보는 능력은
한 사회의 성숙도를 가늠하는 척도가 되기도 합니다.

한국 사회는 여전히 자기 객관화가 부족합니다.
남을 탓하고, 타인의 잘못만을 비난하며,
특정인을 향한 무분별한 증오를 쏟아냅니다.

가령 악역을 맡은 배우를 현실의 인물로 착각해
욕설을 하거나,
살인자가 현장 검증에 나오면 사건과는 무관한 구경꾼이
돌이나 계란을 던지는 것도 자기 객관화가 부재한
미숙한 사회의 한 모습일 수 있습니다.

어떤 누구에게도 누군가를 함부로 벌하거나 해할 자격은
주어지지 않으니까요.

우리는 왜 죽음에 대한 이야기를 꺼릴까요

한국 사회에서는 '죽음'에 대한 이야기를
나누는 것을 꺼립니다.
불편하고 두려운 감정이 먼저 앞서기 때문이지요.
게다가 일상에서 죽음을 직접 마주할 기회도
거의 없습니다.

누군가의 죽음을 직접 보는 일은 거의 차단되어 있고,
장례식에 참석하는 정도가
누군가의 죽음을 마주하는 드문 경험입니다.

죽음을 체험할 수 있는 다양한 경험을 제공하는 곳도
있습니다.
'관(棺) 체험' 같은 이벤트도 있는데,

자신이 죽음을 맞이했다는 가정 하에
관 속에 들어가 누워 보는 것입니다.
그런데 이런 이벤트는 죽음을 피상적으로 다루는 것이라
저는 그리 달갑게 생각하지 않습니다.

죽음이란 곧 '사회적인 나'가 사라지는 일인데
그저 관 속에 누워 본다고 '존재의 사라짐'을
제대로 이해하기란 어렵고,
오히려 돈을 내고 하는 상업적인 체험이
죽음을 가볍게 여길 위험을
초래할 수도 있기 때문입니다.

그런 체험보다는
자신의 신분증에 있는 이름이 지워지거나,
혹은 신분증 자체가 말소되는 상상을 해보는 것이
더 나을지도 모르겠습니다.

신분증과 주민등록번호, 여권 같은 것은
우리가 이 사회에서 '존재한다'는 표식입니다.
신분증에 있는 내 이름이 사라지고,

죽을 때 우리가
가져갈 수 있는 것은 무엇일까요.
딱 두 가지,
배움과 사랑만 가져갈 수 있습니다.

내 주소가 사라지는 것을 상상하고,
마침내 내 신분 자체가 사라지는 것.
그때 우리는 '아임 노바디(I'm nobody)'라는 체험을
하게 됩니다.

나 자신이 완전히 사라지게 되는 상상.
그것이 죽음을 간접적으로 느끼는
가장 가까운 체험이 아닐까 생각합니다.

아임 노바디 체험 후에
우리 삶에는 어떤 변화가 생길까요?
이전보다는 자기 자신의 존재와 삶에 대해서
좀 더 깊게 생각해볼 수 있을 겁니다.

한국 사회에 뿌리내린 유교 문화에 대해 무엇을 알아야 할까요

어린 시절 죽음을 목도한 끔찍한 기억이 있습니다.
한 어른이 저의 눈앞에서 흑염소를 죽여서 피를 뽑고,

내장을 꺼내어 걸어 두는 모습을 보고 놀라고 무서워서
울었던 기억이 납니다.

어머니 역시 집에서 닭을 직접 잡아
백숙을 만드시곤 했지요.
이런 모습은 농경사회에서는 매우 흔한 풍경이었지만,
아이들은 이런 동물의 죽음에는 여과 없이
노출이 되다가도
인간의 죽음에서는 철저히 차단되곤 했습니다.

이는 '어린아이에게 인간의 죽음을 보여줄 필요가 없다'
라는 생각 때문이었는데,
그 뿌리에는 유교 문화가 자리 잡고 있습니다.
죽음을 부정하고 금기시하며,
아이들을 차단하는 것이 당연시되었습니다.
죽음이 부정한 것이기에
자식들이 볼 필요가 없다는 생각 때문이지요.

이처럼 죽음을 부정하고 배척하는 유교식 사고는
한국 사회에 아주 자연스럽게 자리 잡았습니다.

예전에 저의 친구가 좋은 사업 아이템이 없냐고
질문하길래,
죽음에 대한 몇 가지 아이디어를 이야기했습니다.
그런데 말이 끝나기도 전에
"야! 죽는 거 이야기하지 마. 재수 없어!"라고
벌컥하며 화를 내는 그를 보고 당황했지만
참 안타깝다는 생각도 들었습니다.
그 친구야말로 죽음을 부정하고 금기시하는
유교 문화에 완전히 물든 케이스였기 때문이었습니다.

이런 모습이 바로 한국인들이 죽음에 대해 갖고 있는
일반적인 태도입니다.
한마디로 죽음을 '외면'하고 죽음에 대해 이야기하는 것을
원천적으로 차단하는 것입니다.

유교가 죽음을 금기시한다면, 제사나 차례 문화는 왜 있는 걸까요

유교 문화에서는 조상신을 모시고

대접하는 것을 중요하게 생각합니다.
그래서 제사나 차례 문화가 있는 것이지요.
그런데 여기에도 심각한 모순이 있습니다.

유교의 성리학자들은
인간의 영혼을 인정하지 않았습니다.
사람이 죽으면 혼백이 흩어져 사라진다고 보았지요.
한이 맺힌 영혼은 그보다 좀 더 오래 머물다가
결국 사라진다고 했습니다.
그런데도 제사를 지내며 조상의 영혼이 와서
음식을 먹는다고 믿었습니다.

이는 앞뒤가 맞지 않는 모순입니다.
정말 영혼이 찾아온다면
매일 상을 차려야 옳지 않을까요?

유교에는 두 층위가 있습니다.
철학적이고 이론적인 유교와,
민속 속에 뿌리내린 생활 유교입니다.
성리학자들은 죽으면 모든 것이 끝난다고 했지만,

민간에서는 여전히 제사를 통해 영혼을 부르고
기렸습니다.
여기서 중요한 것은 유교에서의 제사는
단순한 추모 의식이 아니라
정치적인 의미를 담고 있다는 점입니다.

조선은 유교적 체제를 기반으로
왕권과 신권이 균형을 이루며 권력을 유지했는데,
제사 역시 그 구조 속에서 기능했습니다.

또한 제사나 차례도 곧
유교적인 권력 질서를 확인하는 행위였습니다.
기독교가 한국에서 박해받은 이유도 여기에 있지요.
제사를 거부한다는 것은 단순한 종교적 선택이 아니라,
조선 사회 체제 자체에 대한 도전으로
여겼기 때문입니다.

유교의 약점 중 하나는 여성을 온전한 사람으로
인정하지 않았다는 점입니다.
공자가 이야기하는 '사람'이란

어디까지나 평민 이상의 남자였습니다.
공자의 서계에서 여성은 논의의 대상조차
되지 못했지요.

제사라는 의식 속에서도 여성은 철저히 배제되었고,
이는 안타깝게도 한국 사회의 문화적 기반이 되었습니다.
현재도 여전히 한국에서 여성과 소수자를 향한
차별적 인식이 뿌리 깊은 이유입니다.

유교 문화의 가장 큰 문제는
모든 것이 혈연 중심으로 돌아간다는 점입니다.
유교는 자신의 가족과 집안에만 관심을 두고,
외부에 대해서는 관심이 별로 없습니다.

그래서 한국 사회에서 혈연, 지연, 학연이
그렇게 중요한 것이지요.
사회 전체보다는 내 가족,
내 이익을 우선하는 문화가 강합니다.

서양에서는 만약 가족이 사고를 내면,

바로 경찰을 부르지만
한국에서는 '내 친구, 내 가족'을 위해서라며 쉬쉬하고
은폐하는 경우가 왕왕 생기는 것도 이런 이유 때문입니다.

결국 한국 사회를 이해하기 위해서는,
또 한국인들의 불행의 근원을 알기 위해서는
유교 문화의 뿌리를 먼저 들여다봐야 합니다.

유교 문화에서 죽음을 회피하는 태도,
제사를 둘러싼 모순,
여성과 소수자의 배제,
그리고 혈연 중심의 그릇된 이익 추구의 이유를
파악할 수 있습니다.

세상이 완전히 바뀌었다고 해도,
여전히 한국 사회를 움직이는 무의식의 근저에는
유교적 사고방식이 깊게 남아 있습니다.

그렇다면 우리는
어디서 희망을 발견해야 할까요

우리가 살면서 어떤 절망적인 순간을 맞이하고,
세상이 끝난 듯 불행하다 여겨도
늘 그 안에서 희망은 모습을 드러냅니다.
그런데 희망은 얄팍하게 찾아서는 쉽게 보이지 않습니다.
기후 문제만 봐도 그렇습니다.

사실상 인류는 이미 거대한 파국을 향해 가고 있습니다.
그런데도 과학이 해결해줄 것이라는
막연한 낙관에 기대기도 합니다.

그런데 이런 피상적인 희망에서 벗어나
절망적인 현실을 직시할 수 있어야
진짜 희망, 진짜 답이 보입니다.

중병에 걸린 한 환자를 떠올려 봐도 그렇습니다.
피부가 벗겨지고 상처가 터지는 상황에서
단순히 약만 바른다고

그 병이 낫지 않습니다.
먼저 병이 얼마나 심각한지,
내가 지금 얼마나 나쁜 상태인지 현실을 직시해야 합니다.

그래야 비로소 어떤 희망을 찾아가야 하는지,
어떤 치유의 과정을 거쳐야 하는지에 대한 진짜 희망을
그려볼 수 있습니다.

희망은 현실을 가리는 미화에서 나오지 않고,
오히려 현실을 있는 그대로 인정하고
이를 돌파하고자 하는 의지가 있을 때 찾아옵니다.

우리는 인생에서
어떤 목표를 가져야 할까요

절망 속에서 희망을 발견하며 앞으로 나아가는
인간의 인생에서
그 목적지는 바로 '인격의 완성'이라고 생각합니다.
우리가 도덕적인 삶을 살아야 하는 이유도

여기에서 찾을 수 있지요.

모든 인간이 내적으로 지니고 있는
삶의 보편적인 과제는
바로 자신의 인격을 다듬고 완성해 가는 것입니다.

심리학자 매슬로의 욕구 단계 이론을 살펴보면,
인간은 기본적인 욕구를 충족한 뒤
자아실현으로 나아갑니다.
그러나 삶의 마지막 순간, 죽음을 앞둔 시점에는
자아를 넘어선 자아 초월의 단계에 이를 수 있습니다.
자아 초월이란, 곧 인격의 완성을 의미하기도 하지요.

제가 많은 영향을 받은 켄 윌버 역시
이러한 과제를 강조했습니다.
인격 완성은 자잘한 개념이 아니라,
인간이 평생에 걸쳐 씨름해야 하는
깊고도 어려운 과제라는 것이지요.

결국 인간은 자기 안의 지혜와 윤리를 키워 나가며,

이를 통해 인격을 성숙시켜 가야만 합니다.
그것이 우리가 인생에서 가져야 할
가장 본질적인 목표입니다.

우리가 일상에서 늘 죽음을
가깝게 이야기해야 하는 이유도 같은 맥락입니다.
철학자 하이데거는 우리가 죽음을 인정하는 순간,
살아야 할 이유를 다시 묻게 된다고 말했습니다.
인간이 도덕적으로 살아야 할 이유가
죽음과 맞닿아 있기 때문이지요.

인간은 죽음 뒤에 어떤 세계가 있다는 전제를 떠올려야만,
비로소 "나는 어떻게 살아야 하는가"라는
윤리적 물음을 붙들 수 있습니다.

칸트는 인간 사회에서 도덕이 성립하려면
두 가지 전제가 필요하다고 말했습니다.
바로 사후세계의 존재와 도덕적 심판자의 존재입니다.
이 두 가지가 없다면,
인간이 선하게 살아야 할 이유는 사라집니다.

죽음으로 모든 것이 끝난다면,
도덕도 결국 무의미해질 수밖에 없게 되는 것이지요

이 말은 천국이나 지옥 같은 종교적 관념에
갇히자는 뜻이 아닙니다.

모든 종교와 철학의 근저에는
'죽음 이후에도 삶의 의미와 윤리적 결과는 계속된다'라는
전제가 깔려 있습니다.
이 믿음이 바로 인간이 도덕과 윤리를 지키며
살 수 있도록 하는 힘이 됩니다.
죽음 이후에도 책임이 이어진다고 믿을 때,
우리는 삶을 더 신중하게 대하게 되지요.

종교는 정말 인간을 구원해 줄까요

누군가 저에게 종교의 의미에 대해 물었습니다.
세상에는 수많은 종교가 있습니다.

절망 속에서 희망을 발견하며 나아가는
인간의 인생에서
그 목적지는 바로
'인격의 완성'이라고 생각합니다.

종교에 매달리고 구원을 바라는 사람도 많지요.
그런데 종교의 정확한 개념에 대해
설명하지 못하는 사람이 대부분입니다.

종교란, 인간의 궁극적인 문제에 대한
문제와 해결책을 제시하는 것입니다.
이 조건을 충족하지 못한다면,
그건 인간의 삶에 도움을 주는 종교라고 보기 어렵지요.

교회나 성당, 절을 열심히 다니며 기도를 올리고,
또 그런 행위로 삶의 위안을 얻고
답을 얻는 것 자체가 잘못되었다고 보기는 어렵습니다.
나름대로 힘든 삶을 버티는 방법이기도 하니까요.

그런데 특정한 신을 자신의 생각, 소망, 두려움,
모든 것을 투사해 만들어 놓고
무작정 매달리는 것은
종교의 진정한 의미를 모르고 하는 것이라는
생각이 듭니다.

인간이 만든 물질적 형상에 집착하는 것도
같은 맥락입니다.
불상이나 마리아상을 신과 동일시하며 매달리는 것은
종교의 본질적 행위가 아닙니다.
물론 그 앞에서 위안을 얻고 싶어 하는 마음 자체는
이해할 수 있습니다.

그러나 자신에게 무엇이 간절한지 떠올리며
진심으로 기도하는 것과,
물질적인 형상에 매달려 구원을 외치는 것은
분명히 다릅니다.

종교란 인간이 만든
억지스러운 허상을 깨부술 수 있는 것입니다.
진정한 기도란 형상에 매달리는 것이 아니라,
자기 내면에서 무엇이 간절한지를 직시하며
마음 깊이 기도하는 것입니다.

이 세상에서 우리가 알고 있는 종교는
대부분 제한적입니다.

종교인들조차 종교의 본질을 모르는 경우가 많습니다.
하나의 종교만 배우면 아무것도 알 수 없습니다.

종교학은 다양한 종교를 배우며 비교해야만
진정한 통찰을 얻는다고 말합니다.

저는 대학 시절,
기독교에서 말하는 하나님은 누구인가,
누가 그 개념을 만든 것인가를 끝없이 고민했습니다.
그 질문에 대한 고민 없이
그저 하나님이라는 말만 반복한다면,
이는 깊이 없는 외침일 뿐입니다.
종교의 본질은 문제를 분석하고 해결하는 데 있습니다.

종교 역시 궁극적으로는 집착의 대상이 아니라,
마지막에는 놓아버릴 수 있어야 합니다.
그것이 바로 종교의 숙명입니다.

그렇다면 신을 섬기는 사람, 종교인은 어떻게 바라봐야 하는 걸까요

많은 이들이 신을 절대적 존재로 이해합니다.
알라, 하나님 등 이름은 다르지만,
그 모두를 '유일신'으로 보는 관점은 같습니다.
그 유일신을 섬기고 가깝게 지내는 인간을
우리는 종교인이라고 생각하고,
막연히 동경하고 존경하기도 합니다.

그런데 명상가들이 바라보는 종교는 다릅니다.
그들에게 종교란, 유일신을 섬기는 것이 아니라
삶과 죽음이라는 궁극적 문제에 대한 가르침입니다.

불교에서 전해 내려오는 좌도밀교는
여성 보살과의 성적 결합을 통해 깨달음을 얻는다는
극단적인 교리를 발전시켰습니다.
이런 사상은 오쇼 라즈니쉬와 같은 명상가에게서
부정적인 형태로 드러나기도 했습니다.

종교란,
인간의 궁극적인 문제에 대한
문제와 해결책을
제시하는 것입니다.

그는 명상과 섹스를 대중들에게 깨달음의 길로 제시했지만,
그 안에서 문제가 많이 발생했고
결국 종교의 본질은 왜곡되었습니다.

이처럼 종교란
결국 인간이 피할 수 없는 욕망의 문제에서
쉽게 벗어나기 어렵습니다.

종교적 삶은 본래 자기 안에 있는 성스러움을
체험하는 일이어야 합니다.
그러나 많은 종교인들은
자기 안에서 진정한 인생의 해답을 찾지 못하고,
바깥의 허상에 투사합니다.

불상이나 성상에 매달리며 신비한 체험을 바라고,
또 그 체험을 스스로 누군가에게 줄 수 있다고
생각하기도 합니다.
이는 종교가 제도적인 문제에 빠져 있기
때문이기도 하지요.

중요한 것은 우리는 종교를 통해
우리 인생의 고민을 해결하는
가르침을 찾아야 하는 것이지,
맹목적으로 유일신을 좇는 것이 아닙니다.

종교인 역시 인간이며,
욕망과 결핍을 안고 살아가는 존재입니다.

가장 중요한 것은 종교인을 포함한 인간은
우리 내면의 문제들을 직시하고,
이를 어떻게 현명하게 풀어낼 수 있는지에 대해서
끊임없이 공부하고 성찰해야 한다는 것입니다.

종교의 본질은 외부의 형상에 매달리는 것이 아니라
내 안의 궁극적 관심을 직시하는 데 있다는 사실을
잊지 말아야 합니다

무소유의 삶은
정말 우리를 행복하게 만들까요

많은 사람들이 '단출한 삶'이
우리를 더 즐겁게 만든다고 말합니다.
특히 종교인들이 그런 이야기를 자주 하곤 합니다.
그러나 여전히 맥시멀리스트적 삶을 추구하며
물질적 풍요를 행복의 조건으로
여기는 사람들도 많습니다.

실제로 물질은 사람을 기쁘게 하기도 합니다.
문제는 그것이 어디까지나
육체적 삶을 이어가기 위한 도구라는 점입니다.

영성이 높아지면 물질에 대한 집착은
자연스럽게 줄어듭니다.
물질은 육체적인 삶을 연속하게 할 수 있도록
돕는 도구에 가깝습니다.

부처님도 제자들에게 생전에 바늘이나 밥그릇 등

최소한의 물건만을 지니고 다니라고 가르쳤습니다.
옷도 시체에서 거둔 천을 빨아 기워 입으며,
한곳에 이틀 이상 머물지 않도록 하여
집착을 경계했습니다.

하지만 일상에서 무소유를 지나치게 강조하다 보면
또 다른 강박에 빠질 수도 있습니다.

중요한 것은 소유의 많고 적음이 아니라,
집착에서 자유로울 수 있느냐입니다.

삶에는 다양한 방식이 있고,
스스로가 행복한 길도 모두 다릅니다.
그저 자신에게 맞는 행복한 방식을 찾으면 됩니다.
사람의 욕망에는 끝이 없으며,
채워도 채워도 부족하기 때문입니다.

인간은 왜
돈과 부에 집착할까요

삶을 한번 놀이동산에 비유해 보지요.
처음 놀이동산에 간 사람은
모든 것이 다 새롭고 즐겁습니다.
그런데 모든 놀이기구를 다 타본 뒤에는
지루함과 피곤함이 느껴져 놀이동산을 떠나고 싶지요.

돈도 마찬가지입니다. 돈이 주는 즐거움을 맛보면
처음에는 그것에 취해 정신을 차리지 못합니다.
그리고 그 이상의 즐거움을 계속해서 찾게 되지요.

인간이 돈과 부를 추구하는 것은
본능적인 욕망의 발현입니다.
재벌조차 돈에 대한 욕망을 멈추지 못하는 이유는
욕망에는 끝이 없기 때문입니다.
마치 바닷물을 마실수록 갈증이 더 심해지는 것처럼요.

많은 사람들이 소외감과 공허함을

돈과 같은 물질적인 것으로 메우려 하지만,
그것은 결코 채워지지 않습니다.

공허를 메우려는 시도가 또 다른 욕망으로 이어지고,
끝없는 반복이 되는 것입니다.

종교와 욕망은
어떤 관계가 있을까요

종교의 역사는 인간 욕망의 역사라 해도 과언이 아닙니다.
세상에 불교나 기독교가 등장해
"원수까지 사랑하라"는 가르침을 내놓았지만,
그것이 인류 사회에서 실제로 구현되기까지는
2,500년이 걸렸습니다.

아직도 많은 종교가
여성 차별과 폭력, 독단에서 벗어나지 못하고 있습니다.
특정 종교만이 진리라 주장하며,
다른 종교를 배제하거나 적대하는 태도는

삶에는 다양한 방식이 있고,
스스로가 행복한 길도
모두 다릅니다.
그저 자신에게 맞는
행복한 방식을 찾으면 됩니다.

결국 욕망의 또 다른 발현입니다.
달이 곧 진리라면,
사람들은 그 달을 가리키는 손가락에 집착합니다.
알라, 야훼 등 신의 이름은 다르지만,
모두 존재의 근원적 실체를 가리키는
손가락에 불과합니다.
중요한 것은 손가락이 아니라 달, 곧 진리입니다.

사람들은 달은 보지 않고 손가락을 붙잡고
서로의 손가락이 옳다고 다투지요.

유일신이라는 말조차 상대적 개념입니다.
하나라는 것을 말하는 순간
이미 다른 것을 전제하는 것이기 때문입니다.

한 개인이 미치면 광인이라고 부릅니다.
그러나 다수가 미치면 그것은 종교가 됩니다.
언어라는 틀로는 진리 전체를 담아낼 수 없습니다.
달은 늘 그 자리에 있지만,
인간은 매번 손가락에 집착하며 다툽니다.

돈과 부에 대한 집착,
종교의 독단, 욕망의 무한한 확대는
모두 죽음을 회피하려는 마음과 맞닿아 있습니다.
죽음을 직시하지 않으려 할수록 우리는
물질로, 종교로, 욕망으로 공허를 채우려 합니다.

그러나 진정한 자유는 그 반대에 있습니다.
죽음을 직면하는 순간,
우리는 욕망의 굴레에서 벗어날 준비를 하는 것입니다.

알라, 야훼 등 신의 이름은 다르지만,
모두 존재의 근원적 실체를 가리키는
손가락에 불과합니다.
중요한 것은 손가락이 아니라
달, 곧 진리입니다.

3장

혼자서
살아갈 수 있는
힘을 길러야 합니다

타인이라는 지옥에서 해방되는 법

타인은
정말 지옥일까요

타인은 지옥이라는 말이 있습니다.
직장에서, 모임에서, 또 집에서 동료나 가족, 친구 때문에
잠도 이루지 못할 정도로
힘들어하는 사람들이 참 많습니다.

그런데 이렇게 생각해 봅시다.
가족관계도 살면서 제대로 풀기가 어려운데
하물며 남이야 더하지 않을까요.

어떤 사람이 특히 자신을 괴롭게 한다면,
그 관계에 골몰하여 한없이 고통만 느끼기보다는
그 사람과 나와의 관계가
이번 생에 주어진 특별한 과제 중 하나라고
생각을 해보는 겁니다.

친한 친구가 나를 배신하고 빌린 돈을 들고
야반도주를 했다고 생각을 해봅시다.
물론 충격도 크고 많이 답답할 것입니다.

그런데 바로 이런 경우가 바로 이번 생에서
그 친구와 내가 풀어야 할 과제일 수 있습니다.
전생의 어느 시점에서
내가 그 친구에게 큰 빚을 졌을 수도 있는 겁니다.

물론 확인할 길은 없지만,
만약 그 비용이 아주 크지 않다면
평생 미움과 증오를 가지고 그 친구를 떠올리기보다는
그저 잊어버리고, 무관심해지는 편이 오히려 낫습니다.
더 큰 고통으로 들어가기 전에 말이지요.

만약 친구에 대한 괘씸죄를 용서하기 어려워
법정 소송 등 진흙탕 싸움을 시작했다고 생각을 해봅시다.
시간이 지난 후, 과연 그 미움과 증오가 풀어질까요?
오히려 더 커질 수도 있습니다.
그렇게 되면 오히려
그 친구와 얽힌 관계의 굴레가 반복될 수도 있는 것이지요.

가장 중요한 것은 아무리 괴롭고 힘들더라도
그 사람을 일부러 미움으로 대하지 않는 것입니다.

죽도록 미워하느니
차라리 잊어버리라는 말도 있습니다.

인간에게 받은 상처는
대화나 조언으로 해결이 될까요

실연당한 친구가 찾아와 울면서 괴로워할 때,
우리는 어떻게 해야 할까요?
진짜 좋은 친구는 충고를 늘어놓지 않습니다.

다만 조용히 들어줄 뿐입니다.

마치 물을 마시다 사레가 걸린 사람에게
"괜찮아?"라고 거듭 묻지 않고,
가만히 기다려주는 것처럼 말입니다.

인간관계의 갈등 역시 그런 태도로 풀어야 합니다.
조급하게 결론을 내버리기 전에 시간이 흘러
상대방의 마음이 가라앉을 때까지 함께 있어주는 것.
그것이 진정한 관계의 해법입니다.

사람들과 갈등이 있을 때
"대화를 하면 해결된다. 대화를 해보라"라고
충고하는 사람들이 있습니다.
그건 참 쉽지 않은 일이기도 하지만,
그런 충고는 굉장히 성급합니다.

아무리 대화를 해도 감정의 골만 깊어지고,
해결이 안 되는 관계가
세상에는 더 많으니까요.

그런 경우 거리를 두는 것도 좋은 방법입니다.
상처는 건드릴수록 더 덧나고 커집니다.
인간관계도 비슷합니다.
상처가 더 커지기 전에
거리를 두고 좀 아물기를 기다리는 것도
관계 회복에 좋은 방법이 됩니다.

이도 저도 안 될 때는 앞서 이야기한 것처럼
상대의 잘못을 잊어버리는 것도 방법이 되고요.

스스로가 고독하고, 보잘것없다고 느낄 때는 무엇을 해야 하나요

그동안 수많은 책을 썼지만, 제 개인의 이야기를
시시콜콜 털어놓은 적이 없습니다.
이 책 작업을 하며 모처럼
저의 유년기를 되돌아보는 시간을 가졌습니다.

상처는 건드릴수록
더 덧나고 커집니다.
인간관계도
비슷합니다.

저는 어디서든 늘 고독했고,
또 어디서든 저를 이해하는 사람이 없다고 느꼈습니다.

제가 속한 가정은 전통적인 유교 집안이었고
일곱 남매 중 다섯째로 태어났습니다.
자녀가 많기도 했고, 저의 목소리를 부모님이
일일이 들어 주시기도 벅차셨겠지요.

어릴 때는 스스로를
'인디고 차일드'일지도 모른다고 생각했습니다.
인디고 차일드의 특징은 남들과의 소통이 쉽지 않고
주파수가 잘 맞지 않는 사람과
가깝게 지내는 것이 힘이 듭니다.
이런 사람은 사회생활도 어렵고
인간관계 속에서 상처를 많이 입습니다.

저는 평소 부모님에게 이해받지도 못하고,
잘난 친구들이 가득 모인 학교에 다니기도 어려워
혹시 스스로에게 자폐 성향이 있는 것은 아닌가 하고도
생각을 했던 적이 있습니다.

다행히 그건 아니었지만요.

한때는 이런 이유로 종교인이 되는 길도 생각했지만,
이번 생에서는 어려운 것으로 결론 내렸습니다.

자유를 원해 출가를 한다 해도
또 다른 규율과 집착에 묶이는 경우도 많기에
자신이 없었습니다.

학창 시절에는 별명이 도깨비였습니다.
이유는 확실히 모르겠습니다.
뭔가 별난 구석이 있어서
친구들이 그렇게 지어주었나 싶습니다.

고등학교 시절에는 공부를 잘하지 못했습니다.
당시 경기고라는 특수한 환경에서
머리가 비상한 친구들 속에서
늘 위축감을 느꼈지요.

그러다 우연히 반장이 되면서

자신감과 자존감을 회복할 기회를 얻었습니다.
당시 학급은 서울대를 지망하는 그룹과
비서울대 그룹으로 나누어졌습니다.

비서울대 그룹의 지지를 받아 반장이 되었을 때,
'인정받는다'라는 느낌이
당시의 저에게는 큰 힘이 되었던 것으로 기억이 납니다.

세상이 저를 받아들이지 못한다고 생각했는데,
많은 친구들이 저를 리더로 인정을 해준
순간이었기 때문입니다.

유년기, 청년기부터 느꼈던
나 자신에 대한 의문과 고독을 극복하기 위해
그때부터 철학과 종교에 대한 공부를
본격적으로 시작했던 기억이 납니다.
공부를 하면서 점차 위축되었던 어린 시절을 잊고,
묵묵히 내가 나아가야 할 삶의 방향으로
나아가기 시작했습니다.

지금도 물론 그렇습니다.
내가 궁금하고 풀어야 할 삶의 숙제라 생각하며
진행하고 있는 것들이 바로 현재를 살아가고 있는 저를
만든 것 같다는 생각이 듭니다.

친구는 꼭 있어야 할까요

이 사회는 친구를 많이 사귀라고
강요하는 경향이 있습니다.
친구가 없는 사람이라면
마치 그 사람에게 큰 하자가 있거나,
심각하게 사회성이 부족하다고 여기는 시선도 있습니다.

자기 주변에 사람과 친구가 많은 사람이라면
자신의 인맥을 과시하는 사람도 많습니다.

그렇다면 살면서 꼭 친구가 있어야 할까요?
꼭 그렇지는 않은 것 같습니다.

사람마다 타고난 주파수가 있는데,
파장이 맞지 않는 사람과
억지로 어울리려고 하다 보면
반드시 문제나 아픔이 생기기 쉽습니다.

그보다는 자연스럽게 거리를 두고
흘러가게 두는 편이 낫습니다.
억지로 친구를 만들기보다는 자연스럽게 다가오거나
흘러가며 만나는 인연을
친구로 두는 편이 낫다는 의미입니다.

주파수가 맞는 사람을 만나는 것이 쉬운 일은 아닙니다.
가족이나 형제도 주파수가 맞지 않는 경우가 허다합니다.
그래서 부모와 자식이 원수처럼 지내게 되는 일도
많지요.

그런 경우에도 관계를 일부러 이어가거나
조급하게 봉합하려 하기보다는
그저 흘러가는 것을 바라보는 편이 좋습니다.

이전 가요 중에 '마법의 성' 가사가 떠오릅니다.
그 가사에도 나오지요.
우리에게 필요한 것은 지혜와 용기뿐이라고요.

지혜와 용기를 갖춘 사람은
어떤 인간관계의 문제도 헤쳐 나갈 수 있습니다.

친구가 꼭 많을 필요는 없습니다.
진정한 관계는 숫자가 아니라,
그 파동이 맞는 단 한 사람으로도 충분하기 때문입니다.

사람에 대한 기대감을 없애기가 힘이 든다면

만약 친구를 사귀었는데 관계가 어긋나는 경우에는
이유가 있습니다.
나 자신이 세운 가치관이나 사고방식과
맞지 않기 때문입니다.

쉽게 말해서 '내 상식'과는 다른 행동을 하는 사람이라면
서로 친구가 되기 힘듭니다.
그 사람의 타고난 성향을
내가 일부러 바꿀 수 없기 때문입니다.

가령 저는 시간 약속을 굉장히 중요하게 생각하기에
약속을 어기는 것이 습관화된 사람들과는 일을 하거나
지속적으로 소통하기가 어렵습니다.

그 사람이 저와의 관계를 유지하기 위해서
애를 쓰는 경우에는
좀 더 관계가 지속될 수는 있겠으나
결국에는 그 관계는 끊어지게 되겠지요.
서로의 타고난 기질이나 성향을
바꾸기 어렵기 때문입니다.

사람에 대한 기대감도 마찬가지입니다.
내가 생각하는 방향대로
상대방이 행동하지 않았다고 해서,
그 사람에 대해서 실망할 필요가 전혀 없습니다.

그 사람은 원래 그런 사람이고,
당신은 그 사실을 몰랐을 뿐이니
거기에 연연할 필요가 없습니다.

이렇게 상대방에 대한 어떤 기대를 갖지 않고
있는 그대로 대하게 되면 화낼 일도 없습니다.

보통은 상대가 자신을 무시하는 태도를 보이거나,
혹은 그런 감정을 느낀 경우에
사람은 화를 내거나 속상하기가 쉬운데,
애초에 그럴 필요가 없다는 뜻이지요.

그리고 무엇보다 사람들을 있는 그대로 존중하고,
또 상처받지 않고 관계를 맺기 위해서는
스스로의 자아 존중감을 단단히 세우고,
또 무너지지 않도록 꾸준히 관리를 해야 합니다.

그렇게 노력하는 과정에서
실제로 한 사람의 인격은 성숙해지는 과정을 거칩니다.

사람마다 타고난 주파수가 있는데
파장이 맞지 않는 사람과
억지로 어울리려고 하다 보면
반드시 문제나 아픔이 생기기 쉽습니다.

스스로가 단단해지면 앞으로 어떤 사람을 만나더라도
실망을 하거나,
아픔을 겪는 일이 줄어들게 됩니다.

자존감은
어떻게 키우나요

자존감과 자의식은
인간관계의 가장 근본적인 문제와 맞닿아 있습니다.

우리는 흔히
"나는 왜 이렇게 쓸모없는 사람처럼 느껴질까?"
하고 자문합니다.
그러나 이런 감정은 단순히
스스로 만들어내는 것이 아닙니다.
자존감은 내면에서 생겨나는 것이 아니라,
외부의 관계 속에서 형성됩니다.

부모는 인간이 태어나 처음 만나는

가장 중요한 '타자'입니다.
그 타자인 부모가 아이를 어떻게 대했느냐에 따라
아이의 자존감은 달라집니다.
부모가 아이에게 긍정적인 신호와 따뜻한 말을
끊임없이 건넸다면,
아이는 "나는 세상에 꼭 필요한 존재이고, 소중한 사람"
이라는 감각을
어릴 때부터 자연스럽게 익히게 됩니다.

이렇게 단단하게 자존감이 형성된 사람은
어떤 상황이 닥쳐도 쉽게 흔들리지 않습니다.
인간관계 속에서 상처를 받아도
스스로를 다잡고 회복할 수 있는 힘이 생깁니다.

운이 좋은 사람은
인생의 길목에서 좋은 스승이나 친구를 만나기도 합니다.
하지만 대부분의 경우
부모가 남긴 흔적이 자존감의 뿌리를 결정합니다.
그래서 부모와의 관계는 피할 수 없는 삶의 과제입니다.
회사에서 힘들면 그만둘 수 있지만,

가족관계는 그렇지 않으니까요.
특히 부부관계는 이혼이라는 선택이 있다 해도,
결국 서로를 완전히 끊어내기란 쉽지 않습니다.

자존감은 어떤 관계 속에서도
스스로를 잃지 않는 힘입니다.
가족 안에서 나를 지키기 위해서는
사랑을 주되 집착하거나 의존하지 않아야 합니다.

만약 당신이 지금 누군가의 부모라면,
아이의 자존감을 키우는 가장 확실한 방법은
단 하나입니다.

자녀를 있는 그대로 받아들이는 것,
조건 없이 사랑하는 것입니다.
그 어떤 기준이나 기대 없이
"네 자체가 소중하다"라는 믿음을 전할 때,
부모는 비로소 위대한 스승이 됩니다.

가족 안에서 나를 지키기 위해서는
사랑을 주되
집착하거나 의존하지
않아야 합니다.

왜 외로워서 죽겠다,는 말을 반복할까요

많은 사람들이 "외로워서 죽겠다"라는 말을
습관처럼 내뱉습니다.
어릴 때 부모에게 지나치게 의존하거나
간섭을 많이 받은 사람들은
성인이 되어서도 곁에 누가 없으면 불안해합니다.

외롭다는 말은
늘 누군가에게 의지하고 싶다는 의미이기도 합니다.
하지만 인간은 결국 '무소의 뿔'처럼
홀로 걸어가야 하는 존재입니다.

"무소의 뿔처럼 혼자서 가라"는 구절은
불교의 초기 경전인 『숫타니파타』에 나오는 말로,
부처의 가르침 중 하나입니다.

이 경전은 팔리어로 기록된 불교 경전 중
가장 오래된 문헌 중 하나로,

부처님의 말씀을 모은 경전입니다.

이 구절은 수행자가 세속의 집착과 번뇌를 끊고
깨달음을 향해 나아가야 한다는 의미를 담고 있습니다.

여기서 '무소'는 '트뿔소'를 의미하며
코뿔소의 뿔처럼 홀로 우직하게
자신의 길을 가라는 상징적인 표현이지요.

부부관계만 봐도 그렇습니다.
두 남녀가 사랑해서 정신적으로, 물질적으로도
한 몸이 되는 과정을 거쳐 부부가 됩니다.

하지만 시간이 지날수록
부부 사이는 완전한 평등관계를 유지하기 어렵습니다.
모든 관계는 크고 작은 권력관계가 얽혀 있는데,
사랑으로 시작한 부부관계도
결국 이런 이해관계의 균형 위에서
아슬아슬하게 유지됩니다.

'조건 없는 사랑'이나 '아낌없는 헌신'이라는 말은
참 듣기 좋지만,
현실에서는 참 어려운 일이지요.
이를 인정하고, 누군가에게 의존하지 않고
혼자서 살아갈 수 있어야 한다는 진리를 깨달을 때
비로소 인간관계에 대한 문제를 풀 수 있습니다.

나이가 들수록 사람 사이의 관계는
더 노골적으로 변합니다.
나이 마흔이 넘으면 친구관계도 더 이상
이해관계에서 자유롭기가 어렵습니다.
어릴 때는 순수했던 우정이
조금씩 다른 모습으로 변하는 것이지요.

가족을 포함한 주변 관계에 얽매여 고통스럽고,
또 외로울 때 우리는 어떻게 해야 할까요?

답은 단순합니다.
혼자 설 수 있는 힘을 기르는 것입니다.
인간관계에 휘말려 생각 없이 몸을 던지게 되면

곧 정신조차 자유롭지 못하게 됩니다.

내면의 힘을 기를 수 있다면
앞으로 외로워서 죽겠다는 말을
반복할 일은 없을 것입니다.

갈등이 계속된다면
그 관계는 쉬어가야 합니다

사람 때문에 괴롭다고
저를 찾아오는 사람들의 이야기를 들어보면
정작 무엇이 문제인지 잘 모릅니다.
그런 사람은 전문 상담가를 찾아가서
오랫동안 이야기를 나눠도
무엇이 문제인지 결국 알지 못합니다.
근본적인 해결법을 잘 모르기 때문이고,
매사가 그렇게 흘러가게 됩니다.

이유 없이 싫은 사람과 계속 만날 자신이 있나요?

심지어 상대가 당신에게 큰 잘못을 저질렀는데
아무렇지 않게 그 사람을 대하고
마주할 자신이 있습니까?

그런 경우에는 주저 없이 그 사람을 떠나야 합니다.
그것이 더 큰 갈등과 괴로움을 피할 수 있는
유일한 방법입니다.

사람이 서로를 싫어하게 되는 가장 큰 이유는
상대방에게서 감추고 싶은
자기 자신의 그림자를 발견하기 때문입니다.

자신의 나쁜 면을 상대방에게서 새삼스럽게 찾아내고,
또 그 점을 증오하게 되는 것이지요.
싫은 사람과 자꾸 만나고 마주치면
고통은 배로 불어납니다.
반드시 한 쪽이 먼저 피해줘야 합니다.

이럴 때 꼭 큰 실수를 하는 평화의 수호자들이 있습니다.
중간에 나서서 갈등을 풀어보겠다고

나서는 사람들이지요.

두 사람은 서로의 얼굴을 보기도 힘든 상황인데
자꾸 만나서 화해하고 사과하는 자리를
마련해 주겠다고 합니다.

이런 사람들이 간과하고 있는 사실은
인간관계는 누가 대신 풀어주는 것이
절대 아니라는 것입니다.

그런 생각을 한다는 것 자체가 잘못된 것이라는 것을
막상 어리석은 평화의 수호자들은 잘 모릅니다.
지혜가 없는 것이지요.

누군가의 관계에서 고통을 받고 있다고 느낀다면,
일단 관계를 차단하거나 쉬는 것을 권합니다.
그 관계를 결론짓거나 단언하기 전에 일단 쉬어 보세요.

감정을 쉬어야 합니다.

누군가의 관계에서
고통을 받고 있다고 느낀다면,
일단 관계를 차단하거나
쉬는 것을 권합니다.
그 관계를 결론짓거나 단언하기 전에
일단 쉬어 보세요.

숲에서 공을 잃어버렸을 때,
계속 찾으려 하면 더 보이지 않습니다.
그러나 잠시 멈추고 쉬었다가 다시 가보면,
공은 의외로 쉽게 눈에 들어옵니다.

인간관계도 같습니다.
시간을 두고 멈추고 바라봐야
비로소 문제의 본질이 보입니다.

왜 누군가에게 매번 속고, 섭섭해할까요

에리히 프롬은 인간관계 속에서
사디스트와 마조히스트의 관계를 설명한 바 있습니다.

사디스트는 상대를 괴롭힘으로써
존재 가치를 확인합니다.
연애에서도 비슷합니다.
여자를 괴롭히고 지배하던 남자가

막상 여자가 떠나려 하면
그제야 매달립니다.
존재 기반이 흔들리기 때문이지요.
문제는 이런 사람들이 외모나 재능이 뛰어나서
매력적으로 보인다는 것입니다.
그래서 또 그 여성은 속고 상대방의 사과에 넘어갑니다.
하지만 결국에는 같은 패턴이 반복됩니다.

저 역시 사람을 좋아합니다.
나름대로 상대방을 웃게 하는 유머도 있고
즐거운 소통에서 쾌감도 느낍니다.
그런데 동시에 낯가림도 심합니다.
이는 나 자신을 보호하기 위한 본능일지도 모릅니다.
사람은 누구나 의도치 않게 상처를 주고받는다는 것을
너무 잘 알기에
본능적으로 방어막을 치게 되는 것이지요.

낯가림은 결국 심리적 방어막입니다.
우리가 얼마나 서로에게 많은 상처를 주고 사는지
사람들은 잘 모릅니다.

나이가 들면 심신이 유연해질 것이라고 흔히들 말합니다.
그러나 실상은 다릅니다.
나이가 들수록 몸이 뻣뻣해지듯 생각도 고착됩니다.

지혜에 대한 공부를 게을리하면 사고도 굳어버립니다.
그래서 작은 일에도 쉽게 신경질을 내고,
관계 속에서 더 많은 섭섭함을 느끼게 되는 것입니다.

그러나 한 가지 방법은 있습니다.
우리는 서로를 비추는 거울이라는 사실을
잊지 않는 것입니다.

내가 상대를 통해 내 모습을 본다는 자각이 있으면,
섭섭함은 줄어듭니다.
상대의 문제 같아 보여도,
결국 나의 문제일 수 있습니다.

누군가를 왜
계속 원망하게 될까요

우리가 누군가를 원망하게 되는 이유는
단순하지 않습니다.
누군가에게 받은 아픔을 원망으로만 받아들이고
거기서 멈춘다면,
그 아픔은 그저 상처로 남습니다.
그러나 그 아픔을 인생의 가르침이라 생각한다면,
원망과 슬픔은 결국 배움으로 이어집니다.

태어날 때부터 장애를 안고 나온 이들도 있습니다.
그렇다고 해서 그 삶 전체를 '불행하다'라고만
말할 수 있을까요?

그렇게 말하기는 어렵습니다.
그의 인생이 치유와 배움의 과정에 있다고도
이야기할 수 있으니까요.

아프다는 것은 우리가 무엇을 고쳐 나가야 하는지

알려주는 신호입니다.
병에 걸리면 아프고 고통스럽지만
그 고통을 극복하기 위해
고치는 방법을 깨닫게 되기도 합니다.
정신적인 아픔이든, 육체적인 아픔이든 마찬가지입니다.

예전에 장애인 학교를 방문한 적이 있습니다.
그곳에서 한 교사가 자폐가 있는 학생을
소개해 주었습니다.
저는 그 아이와 눈이 마주쳤을 때, 느꼈습니다.
"이 아이는 영적으로 아주 높은 아이구나."

아이는 세상과 거리를 두고 마음의 문을
걸어 잠근 것 같았지만,
그건 단순한 병적 증상이 아니라
영적인 수준이 현실과는 맞지 않아
스스로를 닫아버린 것일 수 있습니다.

외부적인 충격으로 인해 자폐가 생기는 경우도 있지만,
오히려 더 높은 차원의 영성이 있기 때문에

세상과의 소통을 거부하는 경우도 있는 것이지요.

영적인 수준은 나이와는 아무런 관계가 없습니다.
서양 사회는 인간을 나이로 평가하지 않습니다.
나이가 많다고 해서 무조건 존중 받는 것이 아니라,
평등한 관계 속에서 각자의 성숙이 드러나는 구조입니다.

그러나 유교적 전통을 가진 우리 사회는
아직도 나이를 절대적인 권위로 여깁니다.

이렇듯 원망도, 아픔도,
우리가 그것을 어떻게 받아들이느냐에 따라
전혀 다른 의미를 가집니다.
그냥 불행이라 단정할 수도 있고,
혹은 치유와 성숙의 과정이라 받아들일 수도 있습니다.

중요한 건 그 경험을 통해
'나는 무엇을 배워야 하는가'를
스스로에게 물을 수 있어야 합니다.

이별 후에는
무엇을 해야 할까요

세상은 나를 언제까지 기억할까요?
호랑이는 죽어서 가죽을 남기고,
인간은 이름을 남긴다, 라는
오래된 말이 있습니다.

저는 이 말 자체가 참 부질없다고 생각합니다.
이 세상에서는 누군가를 기리기 위해
묘비를 거창하게 세우거나,
유명인의 경우에는 동상을 세우기도 하지요.
하지만 이것이 과연
정말로 고인의 업적과 뜻을 기리는 것인가에 대해서는
한번 생각해 볼 필요가 있습니다.

누군가 세상을 떠났을 때,
그동안 그 사람의 삶이
누군가에게 긍정적인 영향을 주었고,
또 누군가의 삶을 조금이라도 바꾸었다면

그것만으로도 족하다고 생각합니다.

부모가 돌아가셨을 때
매장을 하느냐 수목장을 하느냐 형제들과 다투기 전에
그 방식이 무엇이든 부모님의 좋은 점을 생각하고,
또 기리면 되는 것입니다.
그 방식에 집착할 이유가 전혀 없습니다.

집에 부모님 영정 사진 한 장을 두고 모신다 해도,
그 마음이 중요하기에 형식에는 아무런 문제가 없습니다.

고인의 유품을 처리하는 방식에 대해서도
여전히 이런저런 의견이 많습니다.
고인이 사후 세계에서 옷이 필요하다며
옷을 태우기도 하고,
또 죽은 사람의 물건이 남아 있으면 불길하다고 하여
일부러 처분하거나 하는 경우가 있는데
굳이 그러지 않아도 괜찮습니다.

고인을 기리고 싶다면 유품을 가족들끼리

서로 나누어 간직해도 좋습니다.
돌아가신 어머니의 옷을 딸이 잘 물려 입어서
입을 때마다 생전 아름다운 어머니의 모습을
떠올리는 것이,
어머니에 대한 슬픈 기억을 지우기 위해
모든 옷가지를 다 태우는 것보다는
훨씬 좋은 일 아닐까요?

누군가와 이별을 하는 방식에 결코
형식은 중요한 것이 아닙니다.

당신의 장례식을 상상한 적 있나요

꽤 오래전부터 자식들에게
내가 세상을 떠나더라도 장례식은 치르지 말아 달라고
여러 번 이야기해왔습니다.

이런 이야기를 하면 열에 아홉은 고개를 갸웃하며

이렇게 물었습니다.

"가족들이나 지인분에게도 이별할 시간이
필요하지 않겠습니까?"
물론 맞는 말입니다만,
위로와 추모가 부재한 장례식은
차라리 하지 않는 편이 낫다고 생각합니다.

장례식이란 뭘까요?
장례식은 곧 세상을 떠난 이를 기리고 추모하는
자리입니다.
하지만 지금껏 보아온 한국의 장례식은
위로와 추모보다는 형식에 치우친 모습입니다.

다들 장례식장이라고 하면
대형 병원의 장례식장을 쉽게 떠올립니다.
유족은 슬픔에 젖어 상복을 입고 빈소를 지키고,
수많은 사람들이 부의금 봉투를 들고 찾아옵니다.

심지어 고인이 생전에 알지도 못하는 이들까지 찾아와

누군가와 이별을 하는 방식에
결코
형식은 중요한 것이 아닙니다.

유족들에게 형식적인 인사를 건네고
육개장 한 그릇을 먹고 돌아가죠.

식사를 하는 중에 고인에 대해 대화를 나누거나,
추억을 회상하거나 하는 모습은 찾아보기 어렵습니다.
진정한 이별의 시간이 되지 못하는 것이지요.

부의금을 내고, 꽃을 올리고, 밥을 먹고 돌아가면서도
이별과 추모의 시간을 갖기는커녕
시답지 않은 이야기들로 시간을 채우는 모습을
여러 번 보았습니다.

한국의 장례식은
생전 고인의 사회적 위치를 보여주기 위한 자리처럼
느껴지기도 합니다.
화려한 화환과 조문객의 수가
그 증거가 되어버리는 모습을 보면
씁쓸한 생각도 듭니다.
짧은 생을 허락 받은 장례식장의 국화처럼,
그런 허례허식이 고인의 죽음을 기리고 있지 못한다는

생각도 자주 들고요.
만약 우리가 이 성을 떠나게 된다면
나의 장례식이 어떤 모습일지
상상해 본 적이 있으신가요?

저는 가족들이나 친구들 몇 명만 모이더라도
생전에 서로를 아끼고 추억하는 이들이 둘러앉아
소박한 밥 한 끼를 함께하는 시간이었으면 합니다.

저와 함께 보낸 시간과 추억을 나누고,
또 서로의 슬픔을 다독이는 그런 시간이 존재하는
소박한 장례식이라면 찬성입니다.

고인을 중심으로 이야기를 나누고,
서로의 슬픔을 다독이는 장례식.
지금 우리 사회에서는 아직 쉽지 않은 일 같습니다.

장례식의 이미지가 곧 '병원에서의 죽음'인
한국의 장례식은
고인을 따뜻하게 추모하는 마음을

더 멀게 만드는 것인지도 모르겠습니다.

서양에서는 장례식을 결혼식처럼 따뜻하고 품격 있게
치르는 경우도 있습니다.
고인의 관이 식장의 앞자리에 놓이고,
유족과 지인들이 차례차례 다가가
마지막 인사를 건넵니다.

고인을 기리는 시나 글을 낭독하며,
함께 추억을 나누는 시간도 마련되지요.

언젠가 우리 사회에서도,
죽음을 두려워하지 않고
따뜻하게 기억할 수 있는 문화가 자리 잡기를 바랍니다.

제가 가장 인상 깊게 기억하는 장례식은
예술가 백남준의 장례식입니다.
생전에 백남준은 존경하던 예술가 존 케이지의
공연장에서 그의 넥타이를 자르는
퍼포먼스를 한 적이 있습니다.

수십 년 동안 사람들 사이에서 회자된
상징적인 순간이었지요.

백남준의 장례식에서는 조문객들이
서로의 넥타이를 잘라
고인의 몸 위에 올려 두었습니다.
생전 고인을 향한 존경과 사랑을
장례식이라는 마지막 자리에서
적극적으로 표현한 것입니다.

이런 모습이야말로 고인을 진심으로 기리는
가장 아름다운 이별의 모습이 아닐까 생각합니다.

한국의 장례 문화가 갑자기 바뀌기는 어렵겠지만,
우리 사회에서도 죽음과 장례식에 대한 인식이
점차 바뀌게 된다면
장례식은 더 이상 형식적으로 치르는
'이별 의식'이 아닌
'진정한 이별을 나누는 추모의 시간'이
될 수 있을 것입니다.

장례식은 곧
세상을 떠난 이를 기리고 추모하는
자리입니다.
하지만 지금껏 보아온 한국의 장례식은,
위로와 추모보다는
형식에 치우친 모습입니다.

이런 문화가 바로
이 세상을 떠난 고인이 좀 더 자유롭고
또 아름답게 이 생을 마무리할 수 있도록
돕는 것이 아닌가 싶습니다.

4장

마지막 순간까지
어떤 공부를
해야 할까요

당장 내일 세상을 떠나도
후회되지 않을 마음공부에 대하여

삶을 지탱하는
특별한 루틴이 있나요

저는 매일 산에 오릅니다.
이제는 산에 가지 않는 날을 손에 꼽을 정도지요.
날이 채 밝지 않은 새벽 무렵 산으로 갈 채비를 합니다.

제가 산을 찾는 가장 큰 이유는 자연입니다.
자연을 접하기 위해, 흙을 밟기 위해 산으로 갑니다.

도시에서 살아가다 보면 흙을 밟는 일이 거의 없습니다.

산에 가서 흙을 딛는 순간,
발끝부터 전해지는 부드럽고 단단한 감촉이 다릅니다.
자연과 연결된 느낌을 받습니다.
마음이 놓이고, 몸이 풀립니다.

행복해지고 싶다면
반드시 자연과 가까워지라는 말을 할 수 있는 이유가
바로 여기에 있습니다.

녹색이라는 것은 참 신비롭습니다.
녹색은 사람의 마음을 안정시키고, 위로합니다.
초록에서 안정감을 얻은 나무들이
마지막에는 붉고 노랗게 물들었다가 사라지듯,
우리 삶도 그렇게 자연스럽게 변화합니다.

저는 산에 오를 때마다 배웁니다.

산에서 혼자 걸으며 생각을 반추합니다.
늙을수록 더더욱 자연으로 가야 한다는 말을 하는 것도
그래서입니다.

싸우거나 마음이 뒤틀릴 때도 산에 가면 됩니다.

산에서는 그 모든 것이 자연스럽게 풀립니다.
산에는 조폭 같은 쿠류의 인간들이 없습니다.
산은 기운이 좋기 대문에
그런 사람들은 애초에 잘 오지 않습니다.

범죄자들은 진실을 감추고 은폐할 수 있는
지하실을 좋아하지
산은 좋아하지 않는 듯합니다.

산에 가면 마음속 깊이 눌러두었던 것들이
스멀스멀 올라옵니다.
옛날에 당했던 모욕, 잊었다고 생각했던 감정들이
피어오릅니다.

참선할 때도 그렇습니다.
그러나 그건 나쁜 게 아닙니다.
억눌렀던 감정이 자연 속에서 드러나며
치유되는 과정이기 때문입니다.

우리는 자연에서
어떤 공부를 할 수 있을까요

저는 산에 가면 혼자 생각을 많이 합니다.
새벽 5시쯤이면 아직 어둡기도 하지만
가로등 불빛이 있고,
남산은 찻길이라 안전하지요.

무엇보다 사람들이 거의 없어 참 좋습니다.
기마자세 명상도 5분에서 10분 정도 하는데,
그렇게 서 있으면 묘하게 마음이 환해지고,
기운이 정리되는 것을 느낍니다.

앞에 누가 걸어가는 경우
그 사람의 기운이 좋지 않다고 여겨지면
뒤에 잠시 멈춰서 기다렸다 가기도 합니다.

또 흙에는 독특한 기운이 있습니다.
어린아이가 아파서 황토 위에 눕혔더니
차츰 회복되었다는 이야기도 있습니다.

흙을 밟을 때 오는 안도감.
그것은 단순한 기분이 아니라
존재의 근원과 이어지는 체험이지요.

산을 오를 때는 가슴이 탁 트이고 기분이 상쾌한데
내려올 때는 무릎에 무게가 실려 조금 힘들기도 하지요.

그럴 때는 새삼스럽게 살아 있다는 느낌도 받습니다.
고통과 기쁨이 뒤섞여서 찾아오는 생의 강렬한 체험,
그것이 바로
자연이 주는 가장 큰 가르침일지도 모릅니다.

동물은 인간에게
어떤 이야기를 들려주나요

사람들이 제발 자연에 조금이라도 더
가까워졌으면 좋겠습니다.

산에 오르다 보면 새들이 얼마나 예쁜지 모릅니다

산에 가서 흙을 딛는 순간,
발끝부터 전해지는
부드럽고 단단한 감촉이 다릅니다.
자연과 연결된 느낌을 받습니다.
마음이 놓이고, 몸이 풀립니다.

행복해지고 싶다면
반드시 자연과 가까워지라는 말을
할 수 있는 이유가
바로 여기에 있습니다.

그 존재감으로도 우리를 즐겁게 하고,
또 말을 하지 않아도 무언가를 전해주는 듯하지요.

한번은 산에서 명상을 하고 있는데
까치가 곁에 와 앉은 적이 있습니다.
그 순간은 마치
자연이 나와 직접 교감하고 있다는 느낌이었습니다.
산에 가면 동물들과,
또 식물들과 이런 교감을 경험할 수 있지요.

나무도 마찬가지입니다.
기회가 되면 반드시 나무를 직접 만져보길 바랍니다.
살아 있는 나무를 만지면 손에 아무것도 묻지 않습니다.
그런데 어느 날 나무를 만졌더니
손에 더러운 것이 묻더군요.
자세히 보니 죽은 나무였습니다.

살아 있는 나무와 죽은 나무는 결도 다르고,
강도도 다르고, 기운도 전혀 다릅니다.

살아 있는 것과 죽은 것은 이렇게 확연히 다릅니다.
우리는 그저 자연을 있는 그대로 받아들이면 됩니다.
인간도 마찬가지입니다.
꾸며내거나 억지로 포장하지 않고,
살아 있는 그대로의 본질을 드러내며
사는 것이 가장 자연스럽습니다.

요즘 많은 사람들이
'자연을 즐긴다'라고 하면서 골프장에 갑니다.
하지만 그것은 조작된 자연입니다.
잔디를 그 상태로 유지하기 위해
얼마나 많은 농약을 뿌려야 하는지 아십니까?
그건 이미 자연이 아니라, 인위적으로 왜곡된 풍경이지요.

우리가 가야 할 곳은 그런 자연이 아닙니다.

진짜 자연은 산에 있습니다.
값비싼 장비가 필요한 것도 아닙니다.
그냥 운동화 하나만 있으면 됩니다.

진짜 자연은 산에 있습니다.
그냥 운동화 하나만 있으면 됩니다.

가장 힘들 때
어떤 공부를 하겠다고 마음먹었나요

저는 어린 시절부터 늘 외톨이였습니다.
가족들은 저를 전혀 이해하지 못했지요.

학교에 가도 마찬가지였습니다.
친구라 불리는 아이들이 있었지만,
그 누구도 제 이야기에 공감해 주지 않았습니다.
종교적인 주제나 철학적인 문제에 대해
함께 이야기할 수 있는 사람은 없었고,
결국 자연스럽게 우울증에 빠져들 수밖에 없었습니다.

고등학교 시절의 질서를 특히 견디기 힘들었습니다.
학교라는 곳은 마치 군대 같았습니다.
모든 것이 짜여 있고
억압적인 분위기가 짓누르는 곳이었지요.

그 속에서 마치 분뇨통 속에 빠져
허우적거리는 기분을 느꼈습니다.

한 학기 동안 씻지도 않고
학교에 다닌 적도 있습니다.
반항을 했던 것 같습니다.
공부는 손에 잡히지 않았고,
무엇을 위해 살아야 하는지도 알 수 없었습니다.

그 무렵에 심리학을 공부해야겠다고 마음먹었습니다.
부모님의 관습적이며 비합리적인 행동,
형제자매들 사이의 미숙한 관계,
친척들 사이의 해결되지 않은 갈등들을 지켜보며
'왜 사람들은 이렇게 살아야 하는가'라는 물음이
끊임없이 떠올랐습니다.

처음에는 심리학과에 진학하려 했지만
결국 사학과를 선택했습니다.
사실 인생의 향방에 대해
뚜렷한 계획이 있었던 것은 아닙니다.
매일이 괴로웠고,
그저 살아내는 것이 전부였습니다.

대학 시절,
저는 선불교를 만나면서 비로소
종교에 눈을 뜨게 되었습니다.

그때 에리히 프롬의 책들을 가장 많이 읽었습니다.
그는 신프로이트 학파의 학자였고
유대인으로서 종교에도 깊이 통달한 사람이었습니다.

특히 그의 저서 《You Shall Be As Gods》를
인상 깊게 읽었습니다.
구약 성경과 그 전통을 급진적으로 해석한 작품입니다.

제목 그대로
인간이 스스로 '신과 같은 존재'가 되어야 한다는
도전을 던지는 책이었습니다.
그 책을 읽으며,
'괴로운 현실 속에서도
인간은 스스로 신과 같이 깨어날 수 있다'라는
메시지를 붙잡았습니다.
그것이 저를 우울의 바닥에서 끌어올려 준 힘이었습니다.

그리고 그때부터 본격적으로
인간 의식과 종교, 영성의 세계를
탐구해야겠다고 마음먹었습니다.

마음이 어려울 때 주변을 꾸준히 살피고 들여다보면
해답을 얻는 순간이 있습니다.
그것이 책이 될 수도 있고,
또 특별한 인연에게 배울 수도 있는 것이지요.
저는 그렇게 제 인성을 바꾸고 또 깨달음을 준
수많은 책과 인물에 대해 알게 되었고,
그런 경험이 삶의 전환점이 되고,
또 앞으로 나아갈 힘을 주었습니다.

마음공부에는
명상이 가장 좋을까요

마음이 산란하고 어지러울 때는
명상을 하는 것이 가장 좋습니다.
요즘은 명상이 대중적으로 널리 알려져

그 방법에 대해서는 책이나 영상으로 접하기 쉽지요.

명상은 호흡에 집중하는 호흡 명상도 좋고,
주문 암송도 아주 좋은 방법입니다.

주문 암송이란, 기도문을 외는 것을 뜻합니다.
본인이 교회를 다니거나, 성당을 다니거나, 절에 다니거나,
혹은 그렇지 않다고 해도
본인에게 발음하기 좋은 기도문을 암송하는 것은
마음 정화에 큰 도움이 됩니다.
아멘, 옴마니반메훔처럼
'a'와 'o'가 들어간 기도문이
발음하기가 용이합니다.

혼자서 시작하기 어렵다면
근처 절을 찾아가거나,
혹은 요가원에 가서 수련을 해보는 것도
좋은 방법이 됩니다.

명상을 제대로 하려면
시간이 얼마나 걸리나요

명상을 수시로 생활에서 할 수 있을 정도의
수준이 되려면 화두 참선 수련을
굉장히 오랫동안 해야 가능합니다.
그러나 누구나 그렇게 명상을 깊이 공부할 기회와
시간을 구하기는 어렵지요.

그래서 적어도 시도를 해보는 것만으로도
몸과 마음이 이전보다는 편해지고 건강해질 수 있습니다.

요가와 명상에서
우리는 무엇을 얻을 수 있을까요

많은 사람들이 명상은
생각을 완전히 비우는 것이라고 생각합니다.

그러나 사실 인간은 생각을 지울 수 없습니다.

마음이 어려울 때
주변을 꾸준히 살피고 들여다보면
해답을 얻는 순간이 있습니다.
그것이 책이 될 수도 있고,
또 특별한 인연에게
배울 수도 있는 것이지요.

중요한 것은 생각을 억지로 끊어내는 것이 아니라,
호흡에 집중하면서 자연스럽게 흘려보내는 것입니다.

호흡에 집중하면
처음에는 마음이 어지럽게 산란해 있지만,
점차 가라앉으며 잔잔해지고 맑아집니다.

마치 맑은 샘물 아래 영롱한 유리구슬이 있는데,
위에 흙탕물이 떠 있어서 보이지 않다가
가만히 두면 흙이 가라앉아 맑게 드러나는 것과 같습니다.

번뇌라는 것은 흙탕물보다 훨씬 더 단단한
콘크리트와 같아서
쉽게 뚫을 수 없지만, 호흡에 집중하는 힘은
드릴처럼 그 벽을 뚫고 들어가 참 자아를 만나게 해줍니다.

우리의 마음은 '술 취한 원숭이'에 비유되기도 합니다.
우리의 마음이 늘 이처럼 부산스럽고 산만합니다.
그래서 잠시도 가만히 생각할 수 없고,
늘 무언가에 쫓기듯 살아갑니다.

하지만 명상은 그런 술 취한 원숭이를
조용히 앉게 하는 것과 같은 효과를 줍니다.

절에서 참선을 하면
처음에는 억눌러 두었던 기억과 울화가
치밀어 올라옵니다.
마음이 조금씩 맑아지면
오히려 그동안 눌려 있던 감정이 떠오르는 것이지요.

그럴 때 다시 호흡으로 돌아가 집중해야 합니다.
그렇게 번뇌를 마주하고,
또 흘려 보내면서 점차 깊은 평온에 이르게 됩니다.

요가 역시 마찬가지입니다.
흔히 요가를 단순히 몸을 푸는 체조 정도로 생각하지만
요가는 여덟 단계로 이루어진 수행 체계입니다.

윤리적 계율(금계, 권계)을 지키는 것에서 시작해,
몸을 다스리는 체위, 호흡,
그리고 점점 더 깊은 내적 집중으로 나아갑니다.

몸이 뒤틀려 있거나 막혀 있으면
제대로 된 호흡조차 이루어질 수 없습니다.

그래서 요가의 체위는 단순히 몸을 꼬는 것이 아니라,
막힌 기운을 풀어주고 흐름을 바로잡아
호흡과 마음이 깊은 명상으로 들어갈 수 있도록
길을 열어주는 과정입니다.

결국 요가와 명상은 몸과 마음을 정화하고,
우리 안의 술 취한 원숭이를 다스려
참자아를 만나는 공부입니다.

누구나 할 수 있는 단순한 체조나 호흡법이 아니라,
삶을 깊이 바라보게 하는 수행인 것이지요.

명상에 집중하려면
어떤 방법이 가장 효과적인가요

많은 사람들이 명상에 대해 막연한 두려움이나

오해를 가지고 있습니다.
"생각을 끊어야 한다", "화두를 붙잡아야 한다"
같은 방식으로 접근하지만
사실 초심자에게는 거의 불가능한 길입니다.

그래서 세계의 종교들이 공통적으로 택한
가장 단순하면서도 효과적인 방법이 바로 암송,
즉 반복적인 소리를 내는 방식입니다.

불교에서는 "관세음보살"을 반복해서 외우는 것이
대표적이지요.

똑같은 소리를 되풀이하다 보면 점차 잡념이 잦아들고,
마음이 하나의 파동으로 모아집니다.

힌두교의 만트라, 기독교의 주기도문 기도,
이슬람의 쿠란 암송 역시
모두 같은 맥락에 있습니다.
소리를 통한 집중은
인간에게 가장 자연스럽고 손쉬운 명상법인 것입니다.

요가와 명상은
몸과 마음을 정화하고,
우리 안의 술 취한 원숭이를 다스려
참자아를 만나는 공부입니다.

화두 수행, 이를테면 "이 뭐꼬"와 같은 방식은
굉장히 고차원의 훈련입니다.
이것은 이미 깨달음을 경험한 스승에게 직접 지도를 받아
야만 가능한 길이지,
혼자서 책을 보고 시도한다고 될 수 있는 게 아닙니다.

중요한 것은
그런 세계가 분명히 존재한다는 사실을 아는 것입니다.
그것을 알지 못하는 사람과 아는 사람 사이에는
큰 차이가 있습니다.

명상 수련을 깊이 하면 흔히
'제3의 눈'이 열린다는 말을 합니다.
아마 더 깊은 통찰을 상징하는 것이겠지요.
하지만 이것은 말처럼 쉽지 않습니다.
오랜 훈련과 축적된 집중력이 있어야 가능한 단계입니다.
호흡법도 매우 중요합니다.
아이들은 자연스럽게 복식호흡을 합니다.

숨을 들이마실 때 배가 나오고,

내쉴 때 들어가는 가장 순수한 호흡이지요.
성인이 되면서 억눌리고 긴장하면서 잃어버리게 되지만
명상은 다시 그 원초적인 호흡을 되찾는 과정입니다.

명상은 거창한 철학이 아니라
반복과 호흡에서 시작됩니다.

꾸준히 암송하며 호흡을 바로잡으면,
죽음의 문턱에서도 평안히 집중할 수 있다고
옛 스승들은 말했습니다.

명상은 우리를 현재에 단단히 붙들어 두고,
궁극적으로는 삶과 죽음을 평화롭게 마주할 수 있는
힘을 길러줍니다.

차크라가
뭔가요

인간에게는 여러 층위의 에너지가 존재합니다.

명상은 거창한 철학이 아니라
반복과 호흡에서 시작됩니다.

가장 낮은 차원은 생식과 생존에 관계된 에너지입니다.

동물은 먹고 번식하는 두 가지 본능만으로 살아갑니다.
이 영역이 인간에게는 '뿌리 차크라'로 자리 잡고 있습니다.

그러나 인간은 단순히 동물적 욕망에 머물지 않고,
차츰 더 높은 차원의 에너지로 나아갈 수 있습니다.

우리가 흔히
"가슴이 아프다", "손이 답답하다"라고 말할 때,
사실은 그 부위의 차크라가 반응하고 있는 것입니다.

감정과 의식의 중심마다 차크라가 있고,
각각은 그에 걸맞은 에너지를 품고 있습니다.

복부 아래의 차크라만 쓰는 삶은
여전히 본능에 얽매인 삶이고,
더 높은 차원의 차크라로 나아갈 때
인간은 비로소 성숙해집니다.
가장 높은 단계는 정수리의 크라운 차크라입니다.

불교에서 부처님은 이 차크라가 열려 있기에,
상투 모양의 형상(육계)으로 표현되기도 했습니다.

이슬람 종교 지도자들이 머리에 터번을 두르는 것도,
정수리가 인간의 가장 고귀한 에너지를
담는 자리라는 것을
전통적으로 알았기 때문입니다.

중국의 아이들이 어린 시절
머리를 두 갈래로 묶었던 풍습도,
정수리가 아직 완전히 여물지 않았다는 믿음과
연결되어 있습니다.
차크라는 단순한 상징이 아니라,
명상과 호흡을 통해 직접 체험할 수 있는
에너지의 흐름입니다.

깊은 호흡과 집중을 통해 기운이 정화되면
마음은 한곳으로 모아지고,
그 집중이 차크라를 통해 위로 올라갑니다.

명상이란 결국 '집중'이며,
이 집중의 힘이 인간의 의식을 변화시키는 것입니다.

선불교에서 강조하는 화두 역시 마찬가지 원리입니다.
"이 뭐꼬" 같은 질문은
논리적으로는 설명이 되지 않습니다.

그러나 그것을 붙잡고 매달릴 때,
마치 낭떠러지에서 줄 하나를 입에 물고 있는 것처럼,
모든 의식이 한곳으로 모입니다.

그 순간 좌뇌의 끊임없는 잡음을 셧다운시키고
직관의 문이 열리게 됩니다.
그 직관이 터지는 순간을
선불교에서는 깨달음이라 부릅니다.

차크라란, 인간 안에 흐르는 다양한 차원의
에너지 중심을 가리키는 말입니다.
그리고 그것은 단순한 개념이 아니라,
집중과 수행을 통해 직접 체험할 수 있는

살아 있는 통로입니다.

호흡의 기본 방법은 뭔가요

명상의 시작은 언제나 호흡입니다.
호흡의 기본은 집중입니다.
호흡이 바로잡히지 않으면 집중도 이루어지지 않습니다.

요가의 아사나 같은 체조가 단순한 동작 훈련이 아니라,
몸을 다스려 마음이 산만해지지 않도록
준비하는 단계인 이유가 여기에 있습니다.

호흡의 기본은 단순합니다.
코로 들이쉬고, 코로 길게 내쉬는 것입니다.
입으로 내쉴 때는 숨이 짧아지지만,
코로 내쉴 때는 훨씬 길고 깊게 흘러나옵니다.

중국의 고전에도 코앞에 새의 깃털을 두고,

그 깃털이 흔들리지 않을 정도로 고요하고
천천히 숨을 내쉬라는
가르침이 있습니다.
그만큼 호흡은 섬세해야 하고,
완전히 집중해야 하는 공부입니다.

짧고 거친 호흡은 마음을 흩어놓지만,
길고 깊은 호흡은 마음을 가라앉히고 맑게 합니다.
호흡에 집중하는 순간,
불필요한 생각들은 저절로 사라지고,
마음은 자연스럽게 한곳으로 모입니다.

선불교 전통에서는 화두선이나 묵조선처럼
다양한 수행 방식이 있습니다.
하지만 어떤 방식을 택하든,
그 근본이 되는 것은 호흡입니다.
호흡이 단단히 잡혀야 화두도,
묵조도 깊어질 수 있습니다.

 호흡은 단순한 생리적 작용이 아니라,

정신을 맑게 하고 집중을 가능케 하는
가장 근본적인 길입니다.
제대로 된 호흡을 할 줄 안다면,
그것만으로도 명상의 절반은 이미 완성된 셈입니다.

어떤 책을 보는 게 좋을까요

책을 읽을 때 가장 중요한 기준은
자신과 주파수가 맞는 글을 고르는 것입니다.
글이라는 것은 단순한 정보가 아니라,
저자의 파동과 세계관이 담겨 있습니다.
따라서 읽는 순간
우리는 저자의 세계 속으로 들어가게 되지요.

저 역시 독서를 무척 좋아하지만,
소설은 잘 보지 않습니다.
왜냐하면 소설을 읽는다는 것은
결국 소설가의 세계에 깊이 들어가

호흡에 집중하는 순간,
불필요한 생각들은 저절로 사라지고
마음은 자연스럽게
한곳으로 모입니다.

이해하고 동조해야 하는 일이기 때문입니다.

어릴 때는 그런 몰입이 자연스럽게 이루어졌지만,
나이가 들수록 오히려 그 과정이 불편하게 느껴졌습니다.
저자의 세계관과 나의 파동이 맞지 않으면
읽는 동안 계속 어긋나는 감각이 들기 때문입니다.

결국 중요한 것은
나와 공명할 수 있는 책을 읽는 것입니다.
어떤 책이든 파동이 맞으면 오래도록 마음에 남고,
배움이 됩니다.
책은 단순히 많이 읽는 것이 아니라,
나와 깊이 공명하는
저자의 목소리를 만나는 과정이어야 합니다.

어리석은 숟가락이 되지 말라, 무슨 의미인가요

"어리석은 숟가락이 되지 말라"는 말은

부처님의 가르침 가운데 하나로,
불교 경전 《법구경》에 있는 구절입니다.

원문의 내용을 살펴보면 다음과 같습니다.

"어리석은 이는 평생을 지혜로운 사람과 함께 지내더라도,
손가락이 국 맛을 모르듯 진리를 깨닫지 못한다.
그러나 총명한 이는 잠깐만이라도
지혜로운 이와 함께 지내면,
혀가 국 맛을 알듯 든 진리를 깨닫는다."

-《법구경》중에서

지혜롭지 못한 사람은
아무리 훌륭한 가르침 곁에 있어도
그 뜻을 이해하거나 실천하지 못한다는 것입니다.
숟가락은 음식과 함께 있지만 결코 맛을 알 수 없듯이,
지혜 없는 사람은
가르침 곁에 있어도 변화하지 못한다는 의미입니다.
그러나 지혜가 있는 사람은 바로 깨닫습니다.
마치 혀가 국 맛을 알듯이 말입니다.

이 가르침은 앞서 이야기했던
"타조가 되지 말고, 독수리가 되어라"는
말과도 같은 맥락에 있습니다.

타조는 땅에 머리를 처박고 현실을 회피하지만,
독수리는 높이 날아 세상을 꿰뚫어 보지요.

결국 이 말은 우리에게
"그저 곁에만 머무르지 말고, 깨달으라"라는
메시지를 전합니다.
깨달음은 단순한 지식이나 이론이 아니라,
경험하고 실천하는 것이기 때문입니다.

우리는 앞으로
어떤 공부를 해야 할까요

우리가 사는 이 세상은 일종의 학교와도 같습니다.
인간은 이곳에서 수많은 배움을 얻고,
마침내 졸업이라는 이름의 죽음을 맞이하게 되지요.

어리석은 이는
평생을 지혜로운 사람과 함께 지내더-도,
손가락이 국 맛을 모르듯 진리를 깨닫지 못한다.
그러나 총명한 이는
잠깐만이라도 지혜로운 이와 함께 지내면,
혀가 국 맛을 알듯 곧 진리를 깨닫는다

-《법구경》중에서

그런데 지금 인류가 탄 열차는 마치
고속질주하는 열차와 같습니다.
멈출 수 없는 속도로 달리면서,
그 앞에는 분명히 파국이 기다리고 있습니다.
누구도 그 열차를 세울 수 없습니다.

지금 지구는 단순한 기후 위기를 벗어나
기후 지옥으로 향하고 있습니다.
이것은 다 알고 있는 사실인데도
사회는 여전히 헐뜯고 싸우느라
분열되어 있습니다.
위기의 현실을 직시하기보다,
서로를 비난하는 데
더 많은 에너지를 쓰고 있는 것이지요.
중요한 것은
우리가 이 지구별에서 어떻게 공부를 지속하고
또 졸업을 할 것인가에 대한
끊임없는 고민입니다.

죽음을 앞두고 살아가며

'나는 어떤 배움을 가지고
이 학교를 졸업할 것인가'라는
질문을 스스로에게 계속 던져야 합니다.

이 질문이야말로 앞으로 우리, 또 인류가
해 나가야 할 공부의 본질입니다.

지구별을 졸업하는 길은 멀리 있지 않습니다.
자연과 더불어 살아가며,
인간관계 속에서 자신을 비추어 보고,
탐욕과 집착을 내려놓는 일상 속 수행이
곧 그 길입니다.

죽음을 준비하는 공부,
즉 삶을 깊이 사는 공부가
바로 지구별에서 우리가 해야 할
마지막 과제일 것입니다.

죽음을 앞두고 살아가며
'나는 어떤 배움을 가지고
이 학교를 졸업할 것인가'라는 질문을
스스로에게 계속 던져야 합니다.

켄 윌버에게서
어떤 가르침을 얻으셨나요

제 개인적인 정신사를 이야기하자면
처음 큰 충격을 받은 것은 선(禪)이라는 세계를
알게 되었을 때였습니다.

책을 통해 "이런 세계가 있구나" 하는 깨달음을
처음 맛보았고,
그것이 종교학을 전공해야겠다고 마음먹은
출발점이 되었지요.
방학 때 절에 들어가 참선을 한 것도 그 때문이었습니다.

그 무렵의 저는 열등의식과 개인적인 콤플렉스로
고민과 괴로움이 너무 많았습니다.
부모로부터 비롯된 문제였지만 당시에는 알지 못했지요.
해결책을 찾고자 절에 들어가 앉았습니다.
그런데 젊은 스님은 아무것도 가르쳐주지 않았습니다.
화두도 주지 않고, 그저 앉으라고만 했습니다.
그래서 "내가 왜 여기 앉아 있나?" 하는 의문을 품고 그저 앉아만 있었습니다.

며칠 뒤 큰스님이 나를 불러 물었습니다.
"참선을 하고 뭘 얻었느냐."
저는 나름 준비한 대답을 했습니다.
"손가락이 다섯 개입니다."

그 순간 스님은 말씀하셨습니다.
"그건 도(道)가 무엇이냐고 물을 때 하는 대답이지.
중요한 건 그 말을 한 놈이 누구냐는 것이다."

그 말은 제 삶의 큰 전환점이었습니다.
그때부터 저는 끊임없이 묻기 시작했습니다.
"이 말을 하는 주체는 누구인가."

그러나 대답은 나오지 않았습니다.
참선하며 몸을 굴리고 용틀임을 해도 답이 없었습니다.
결국 며칠 뒤 스님은
"학생, 이제 그만 내려가라"고 하셨지요.

그로부터 10여 년이 지난 뒤,
저는 켄 윌버의 책을 읽게 되었습니다.
1987년 무렵이었는데,
당시 한국에는 아직 번역본도 없었습니다.
켄 윌버의 《의식의 스펙트럼(The Spectrum of Consciousness)》
을 읽다가
싱가포르에서 김포공항으로 향하는 비행기 안에서
한 문장을 보았습니다.
그 안에 '절대적 주체(absolute subjectivity)'라는
단어가 있었습니다.

그때 기장이 곧 비행기가 30분 내로 착륙한다는
기내 방송을 한 것이 생생하게 기억납니다.
그 순간 과거 스님이
손가락이 다섯 개라는 말을 한 놈이
누구인지를 찾으라고 한 말씀이 떠오르며
번개처럼 깨달음이 일었습니다.
절대적 주체가 바로 그놈이었습니다.
그 깨달음을 얻기까지 10년 이상의
긴 시간이 걸린 것입니다.

그 깨달음은 이렇게 표현할 수 있습니다.
눈에는 스스로 색깔이 없습니다.
그렇기 때문에 모든 색을 볼 수 있는 것이지요.
만약 우리가 노란 안경을 끼면 세상이 노랗게 물들어
더 이상 있는 그대로 볼 수 없습니다.

절대적 주체는 이처럼 비어 있기 때문에
모든 것을 포용할 수 있습니다.
그것은 너무나 자명한 사실이라
우리가 세수할 때 코를 만지는 것보다 더 쉽습니다.
다만 우리가 인식하지 못했을 뿐입니다.

그 깨달음 이후로 저는
인간의 의식에 대해 새로운 눈을 갖게 되었습니다.

사람들은 흔히 '의식'을 자기 자신이라고 착각하지만,
사실 우리는 의식을 바라보는 주체가 있습니다.

칼이 스스로를 벨 수 없고, 눈은 자기 자신을 볼 수 없듯
주체는 경계를 지을 수 없는 자리입니다.

지구별을 졸업하는 길은 멀리 있지 않습니다.
자연과 더불어 살아가며,
인간관계 속에서 자신을 비추어 보고,
탐욕과 집착을 내려놓는 일상 속 수행이
곧 그 길입니다.

그것이 바로 켄 윌버가 말하는 절대적 주체이며,
제가 불교와 종교학을 통해 찾으려 했던
답이기도 했습니다.

현대의 붓다라고 불리는 유지 크리슈나무르티는 어떤 인물인가요

유지 크리슈나무르티라는 인물을 처음 접한 건
서울대학교 종교학과 성혜영 교수 덕분입니다.

그로부터 유지 관련 책을 받았는데
그때 저는 정말 깜짝 놀랐습니다.
"세상에 이런 인물이 있구나!" 하고 감탄했지요.

인도의 저명한 구루인 라마크리슈나, 비베카난다,
지두 크리슈나무르티, 라즈니쉬,
마하르쉬 등에 대해서도 공부했지만,
유지는 차원이 달랐습니다.

그는 돈이나 권력, 성적 스캔들로 얼룩진
다른 구루들과 전혀 달랐습니다.
그야말로 현대의 붓다라고 불릴 만했습니다.

그의 깨달음 체험은 강렬했고,
무엇보다도 "내 말은 개소리에 불과하다"라는
솔직한 선언이 주는 충격이 대단했습니다.
깨달음을 팔지 않고, 가르침조차 부정하는 이 태도 자체가
그의 진정성을 알려주기에 정말 멋있다고 생각했습니다.

저 역시 유지를 알게 된 후
깨달음이란 단순히 정신적인 각성이 아니라
육체적·세포적 변혁까지 수반해야 한다는 점을
알게 되었습니다.

유지는 실제로 쿤달리니가 터지고,
세포 하나하나가 바뀌는 체험을 했습니다.
성욕조차 초월했지요.
젊은 여성이 그의 몸을 만지며 마사지를 해주어도,
심장 박동에는 아무런 변화가 없었습니다.

남성성과 여성성을 동시에 아우른,
자웅동체적 경지를 체험한 것입니다.

여기서 중요한 점은,
유지는 섹슈얼리티를 억압하거나 부정해서가 아니라
완전히 초월했기 때문에 자유로울 수 있었다는
사실입니다.
그는 "진짜 변혁은 몸으로 일어나야 한다"라는 걸
온몸으로 보여주었습니다.

또한 흥미로운 점은,
그는 "가르침을 남기지 않겠다"라고 한 것입니다.
실제로 제자도 두지 않았습니다.

석가모니가 깨달은 후
40년 동안 설법을 이어갔던 것과는 대조적이지요.

켄 윌버와 유지는 모두
저의 정신사를 흔들어 놓은 인물들입니다.
철저히 아웃사이더로서

자신의 길을 걸어간 인물들입니다.

특히 유지는, 종교와 제도에 매몰된 인간의 허위를 단숨에 꿰뚫어 버린 인물이기도 합니다.

눈에는 스스로 색깔이 없습니다.
그렇기 때문에
모든 색을 볼 수 있는 것이지요.
만약 우리가 노란 안경을 끼면
세상이 노랗게 물들어
더 이상 있는 그대로 볼 수 없습니다.

나가며

미국의 저명한 암 전문 교수인 김의신 교수의
이야기 중에 이런 것이 있습니다.
미국의 장례식과 한국의 장례식은
그 분위기부터 무척이나 다른데,
한국의 장례식에서는 '울음, 곡소리'가
빠지지 않는다는 것입니다.
가족이나 지인이 세상을 떠난 것이
안타깝고 슬프기만 한 것입니다.

이에 반해 서양에서는
죽음을 좀 더 이성적으로 받아들이는 측면이

있는 듯합니다.
고인의 관을 장례식장에 비치하고,
얼굴을 공개해 장례식을 찾은 사람들과
직접 이별의 시간을 가지도록 해줍니다.
고인 생전의 아름답고 활기찬 모습을
기억할 수 있도록
음악을 담은 영상을 보여주기도 합니다.

이는 영원히 만날 수 없는 슬픔을 묻는 것이 아니라
고인과의 추억을 함께 꺼내어 보고,
또 남은 가족과 지인들이
다시 살아갈 수 있는 힘을 얻도록 하는
소통의 장을 여는 셈입니다.

곧 죽음이란 고통스러운 영원한 이별이 아닌,
삶에서 자연스럽게 벌어지는 많은 사건 중
누구나 겪을 수 있는 아주 큰,
또 깊은 의미를 가지고 있는 사건인 것입니다.

죽음은 해방이자
자유를 의미하기도 합니다

죽음학의 대모로 불리는 엘리자베스 퀴블러 로스는
'죽음은 마지막 성장이다.
나는 은하수로 춤추러 갈 것이다'라는
이야기를 남겼습니다.

이는 죽음을 이별이나 끝이 아닌
새로운 차원의 전환으로
받아들일 수 있다는 것을 잘 보여주는 말이기도 하지요.

퀴블러 로스는 생의 전반에서 죽음 앞에 선 사람들과
수많은 시간을 보냈기에
죽음은 단순한 고통이나 두려움이 아닌,
생에서 가장 큰 변화와 성장을 할 수 있는
또 다른 기회로 본 것일니다.

물론 제가 이야기하는 죽음이란
자연스러운 죽음을 의미하는 것이지,

스스로 목숨을 끊는 차원의 죽음을
이야기하는 것은 아닙니다.

사람은 죽음 앞에서
마지막으로 성장합니다

삶을 떠나기 전
어떤 사람들은 자신이 크게 잘못을 저지른 사람을 만나
용서를 구하고 싶어 합니다.
죽기 전에 자신의 과오를 돌아보고
자신이 상처를 준 사람과의 관계, 사랑을
회복하고 싶어 합니다.

유대교에서는 죽을 때 가져갈 수 있는 것은
'배움'과 '사랑' 밖에 없다고 합니다.
죽을 때 돈을 짊어지고 떠나는 사람은 아무도 없습니다.
저도 딱 그 두 가지가
생의 마지막에 챙길 수 있는 전부라고 생각합니다.

삶이 쉽고, 또 즐겁기만 한 사람은 아무도 없습니다.
그러나 이 생의 마지막을 어떻게 마주하고,
또 준비하느냐에 따라
한 사람의 삶은 온전히 달라지게 됩니다.

삶과, 죽음의 무게를 잰다면 어느 쪽이 더 무거울까요

삶과 죽음 중 어느 쪽이 더 무거울까요?
많은 이들이 죽음을 두려움이나 끝으로 생각하지만,
사실 삶과 죽음은 같은 강의 서로 다른 흐름일 뿐입니다.
삶은 길고 복잡한 과정이고, 죽음은 그 과정을 통과해
다음 단계로 건너가는 순간입니다.

그래서 저는 늘 말합니다.
지금 살아 있는 이 삶이 중요한 이유는
지금 어떻게 살고 있는지가, 우리가 어떤 문을 통해
다음 세계로 들어갈지를 결정짓기 때문입니다.

죽음을 맞이하면 육체는 사라지고,
영적 삶으로 옮겨갑니다.
많은 사람들이 육체적 삶에서 영으로 가는 그 경계를
죽음이라고 부르지만,
반대로 영적인 차원에서 이 세계로 들어올 때는
탄생이라고 부르지요.
결국 이 모든 건 다 삶입니다.
형태가 다를 뿐이지,
죽음이 곧 삶으로 이어지는 것입니다.

그래서 "난 잘 살고 싶어"와 "난 잘 죽고 싶어"는
사실 같은 말입니다.
잘 죽으려면 잘 살아야 하기 때문이지요.
특히 영적으로 그렇습니다.

영적인 삶을 충실히 살지 못한 사람은
죽음을 맞이할 때 두렵고 혼란스럽지만,
영적인 삶을 닦으며 산 사람은
죽음을 당하는 것이 아니라
맞이하는 것으로 바꿀 수 있습니다.

사람은 죽음 앞에서
마지막으로
성장합니다.

죽음과 함께 살고 있습니다

초판 1쇄 2025년 10월 30일

지은이 | 최준식

발행인 | 박장희
대표이사 겸 제작총괄 | 신용호
본부장 | 이정아
책임편집 | 조한별
기획위원 | 박정호
마케팅 | 김주희 이현지 한륜아 이나경

디자인 | 김윤남

발행처 | 중앙일보에스(주)
주소 | (03909) 서울시 마포구 상암산로 48-6
등록 | 2008년 1월 25일 제2014-000178호
문의 | jbooks@joongang.co.kr
홈페이지 | jbooks.joins.com
인스타그램 | @j_books

ⓒ 최준식, 2025

ISBN 978-89-278-8126-1 (03110)

- 이 책은 저작권법에 따라 보호받는 저작물이므로 무단 전재와 무단 복제를 금하며 책 내용의 전부 또는 일부를 이용하려면 반드시 저작권자와 중앙일보에스(주)의 서면 동의를 받아야 합니다.
- 책값은 뒤표지에 있습니다.
- 잘못된 책은 구입처에서 바꿔 드립니다.

중앙북스는 중앙일보에스(주)의 단행본 출판 브랜드입니다.